新潮文庫

恋するディズニー
別れるディズニー

堀井憲一郎著

新潮社版

10624

目次

恋するディズニー　別れるディズニー

はじめに

恋するディズニー、別れるディズニーへようこそ。

東京ディズニーランドは1983年に開園しました。当初からデートの名所だったわけではありません。東京ディズニーランドは子供たちのための遊園地でした。開園当時は、若者たちは遠くから見守っている感じでした。昭和の若者はそういうあたり、真面目《まじめ》でした。

1985年に出たホイチョイ・プロダクションの著作『OTV』で、東京ディズニーランドは子供だけの遊び場所ではない、デートに使うべきだ、という提案をしています。つまりはそれまで（開園3年目です）一部の若者たちしかデートに使っておらず、多くの若者は「あそこは子供のための遊園地だ」とおもっていたわけです。

その後、地上がぐるぐるまわるかのような狂熱的な80年代後半の好景気期を通りすぎ、東京ディズニーランドはデート場所になっていきました。1990年代に入り、ディズニーランドはどんどん混み始めます。2000年を越えて、ほぼ、すいている日がなくなっていきます。

そして、そのころから、定番の都市伝説が囁《ささや》かれるようになりました。

「ディズニーランドでデートをすると別れる」

日本各地でいろんな場所が認定されている伝説です。

京都嵐山《あらしやま》の渡月橋《とげつきょう》、井《い》の頭《かしら》公園のボート、長野県松本の松本城、おそらく全国各地にあるでしょう。

東京・千葉エリアではそういう伝説が定番となりました。

たしかにディズニーデートをして別れた人も多かったのだとおもいます。

何故、ディズニーランドでデートすると別れてしまうのでしょうか。

混んでいる場所でのデートは、やはりデート難度が高くなります。

ただ、原因はそれだけではありません。ディズニーならではのいくつかの問題点があるようにおもいます。

そのあたりを解説していこうという本です。

ディズニーランドは、男と女の考え方の違いが出やすい場所だと考えられます。男と女は、ある意味、すきあらば行き違ってしまおうとしています。だから、ランドでもシーでもあちこちで行き違っています。

ディズニーランド&シーのどこで男と女は行き違ってしまうのでしょうか。

それを解明していきたいとおもいます。

いや、「はじめに」なんかじっくり読んでいる場合ではないですよね。

ディズニーデートを控えて、少しあせっている人もいるでしょう。さくっと読んで、わかったつもりになって、デートに突入していきましょう。

考え込んでいる時間はありません。

とりあえず進みましょう!

第一章　恋するディズニーデートの成功の秘訣《ひけつ》

そもそもディズニーランド&シーは、デート向きに作られているわけではありません。

もちろん客層のなかには、若いカップルも来るという想定はなされていますが、メインターゲットではありません。

メインターゲットは「家族」です。ファミリー向けに作られている。絞っていうなら、子供が楽しめるように作られています。カップルにも楽しめますが、あくまで子供向きです。

そこんところをちゃんと理解しておいたほうが、デートはうまくいきます。

子供の遊び場所で、私たちも遊びましょう、という感覚で行ったほうがいいです。

ときどき忘れてしまいますが、このことは心に留めておきましょう。

子供の遊び場へカップルで行くとなると。

注意すべきことは「大人の視点で見ないこと」となります。

くまのプーさんは、ぬいぐるみです。ぬいぐるみなのに喋《しゃべ》ります。なぜ、と聞いても意味がありません。プーさんは、とにかく、ぬいぐるみだけど喋るのです(プーさんの設定はディズニーオリジナルではなく、イギリスの作家A・A・ミルンのものですが)。

それをそのまま受け取るのが、ディズニー世界を楽しむ姿勢です。理由を考えたり、矛盾を鋭く指摘したり、「ありえないでしょ」と言ったりしてはいけません。

ディズニーランド&シーは、「受け入れる」場所です。すでに世界ができあがっています。そして、それぞれに物語世界が存在しています。

私たちの知らない物語背景が存在している世界へ、こっそりと入っていくわけですから、向こうのルールに従うほうがうまく展開します。受け入れてください。責めたところで、あまり意味がありません。

そこのところに気をつけて、では楽しんでいきましょう。

東京ディズニーランド&シーデートは、どうすればうまくいくのか。

その方法を少し紹介したいとおもいます。

成功したデートとは、終わったあと、楽しかった、またこの人とどこかへ行きたいとおもってもらえるデートですね。二人ともそうおもえれば成功。

がんばりましょう。


まず、ディズニーデートでの重要な方針を決めておきましょう。私が決めました。

「魅力的な人気アトラクションには、かなり並んでもひとつは乗るようにする」

「ショーや劇場型アトラクションなどの〝二人でゆっくり見るもの〟を中心にまわる」

「二人が密着できるアトラクションを積極的に利用する」

この基本3ポイントに加えて、「さりげなく手をつなぐタイミングを見計らう」という野望も大事に考えたいとおもいます。

このデートプランの設定は、まだ初々《ういうい》しい二人を対象にしています。年齢的に幼いという意味ではなく、ふたりの関係がまだ初々しいということです。

友だち以上・恋人未満あたりの二人です。このデート次第でこのあとの展開が違ってきそうだ、というレベルのカップルを対象としてプランを考えています。

ディズニーデートのいちばんの障害は〝混んでいるところ〟にあります。

おもったとおりにまわれない。

楽しそうなアトラクションに人気が集中して、ふつうに並ぶと90分から150分待たないと乗れない。ふたつのアトラクションに乗るのに3時間並ぶとなると、かなり厳しいデート展開となってきます。

だから、あまり待ち時間のないものばかり乗る、という方法を取る人がいます。

並ぶのがいやだ、という人の許容待ち時間は、30分です。30分待ちだと悩む、それ以内だと並んでもいい、という判断をします。たしかに25分や15分待ちのアトラクションはどんな日にもあります。そればかり乗ってまわることも可能です。

ただ、これは実際にやってみるとわかりますが、たいへん疲れます。

15分や25分というのはそれなりに並びます。それなのに、アトラクション時間は短いものが多いです。少し待つだけだが、しかし得るものも少ない。これをみっつ、よっつ繰り返していると、どんどん疲れてきます。

乗りたくもないものに20分待つくらいなら、どうしても乗りたいアトラクションに60分待ったほうがいい。

これがひとつの鉄則です。

だから、すごく乗りたいアトラクションをひとつ決めて、それだけは並んで乗ることにしましょう。どのアトラクションかは、二人で決めるしかない。どちらかが、とても乗りたい、と強く主張したものがいいでしょう。話し合いで中間点を探るのは、あまり問題の解決にはなりません。どちらかが決定権を保持して、相手に承諾を得た上で、多くのことを優先的に決めていく。それがコンビを長持ちさせる方法です。

激しいもの好きだったら、コースター系のアトラクション。そういうのが苦手だったらディズニーらしいやさしいアトラクション。

もちろん「ファストパス」が使えれば、どんどん使いましょう。

人気アトラクションはランドもシーも、だいたい8つくらいです（ファストパスが発券されているのがそれぐらいです。ただし、すべてのファストパス発券アトラクションが、とても人気が高いわけではありません）。

ただアトラクションの総数は40以上あります（シーは少し少ない）。つまり、あまり知られていないアトラクションがたくさんある、ということです。

ディズニーの底力は、そういう知られていないアトラクションも、こちらから近づいていくととても面白い、というところにあります。ディズニーデートでは、そういう知られざるアトラクションを積極的に活用していく、というのが大事なポイントになります。

そして「二人で同じものを見ている」というのがとてもいい。

パレードに水上ショー、ステージでのショーに劇場型アトラクションなどです。

ショーだけを見る目的で入園しても、おそらく1日では全部見られないだろう、というぐらいたくさんのショーがあります。

パレードや水上ショーなどの大きなショーは、できれば開始20分前から陣取って見るのをおすすめします。20分前でいいとおもいます。20分も待つのかと考えないで、20分待ちのアトラクションだと考えたら、けっこうすいてるな、とおもえるでしょう。だから、それくらい前から待つのがいいです。なにか飲み食いしながら待っていていいので、20分ゆっくり待ってパレードやショーを見ましょう。それが黄金デートルート。

また、おすすめなのは、劇場型アトラクションです。

ランドで言えば「ミッキーのフィルハーマジック」に「スティッチ・エンカウンター」、それに「魅惑のチキルーム」と「カントリーベア・シアター」です。シーは「マジックランプシアター」「マーメイドラグーンシアター」と、「ブロードウェイ・ミュージックシアターのショー」「ハンガーステージのショー」（あとのふたつはアトラクションの範疇《はんちゅう》に入れられておらず、ショーのほうで紹介されているので、調べるときはご注意ください）です。

この劇場型アトラクション、および屋内劇場のショーは、じつは二人が接近するチャンスです。

手をつなぐビッグチャンスがあります。

手をつなぐのがビッグチャンス？　そんなことを疑ってはいけません。とてもビッグでとてもビッグなチャンスです。ビッグは関係なかったですね。

初々しい二人にとっては、手をつなぐ、というのは大いなる一歩です（初々しいというのは、本当にそのへんのレベルを指しています）。ぜひ劇場へ向かってください。向かいなさい。

この劇場型アトラクションやショーでは、屋内の「控えの間」に案内されます（ブロードウェイ・ミュージックシアターとハンガーステージは外で待機となります）。

次回のショーを見られる人数だけ、控えの間に案内され、そこでしばらく待機します。

やがてショーの時間になると劇場に案内されますが、どの劇場も入口がそんなに広くありません。多いと数百人が狭い入口から中に入っていきます。やや混乱が起きます。ディズニーにしては珍しく、やや無秩序な空間が出現する瞬間です。

ビッグチャンス！

この無秩序空間こそ、手をつなぐ瞬間です。

みんな、良い席を取りたいという心情から、急ぎ足でややなだれこむように劇場へ入っていき、よくわからない人もその空気に押されてなだれこんでいきます。

また多くの劇場が、中がやや暗くなっています。

狭い入口から、暗い中へなだれこんでいく。

はぐれそうになります。

実際、数人で行くと、入ってすぐのところで、いちど、ばらばらになっています。

だから手をつなぐ。

これが劇場へ入るときの正しい姿勢です。できれば友人同士でも、たとえば友人3人で来ていても、手をつないで入ったほうがいいとおもいますが、混乱状態なのであまり多くで手をつなぐとかえって危ないです。フレキシブルに対応してください。
デートならば、できるかぎり手をつなぎましょう。
それは結果として仲良くなるためですが、実際には「離ればなれにならないため」
というきわめて現実的な理由からです。
ここでは、初めて手をつなぐ不安を、「二人きりで来てるのに、連れと離ればなれ
になる怖さ」が上まわります。手をつなげなくても、手首をつかむとか、袖《そで》を引っ張
るように持つとか、肩に手をかけているとか、とにかくどこかつながっているほうが
安心なのです。
これが劇場型アトラクションを特にすすめる理由です。
手をつなぐと、たぶん、少し心理的距離が縮まります。
いいですね。縮めましょう。
だから劇場へ入りましょう。
ふたつ、みっつ行くと、手もつなぎやすくなります。手をつなぐと、次に進めます。
進める可能性は高まります。がんばろう。
同じく夜のパレードや大掛かりなショーは、すごい数の人が集まっているので、終

わったあと、かなりの混乱状態になります。ときに、人混みを突っ切って向かい側に行かないといけない、ということも起こります。その場合も、やはり、よそよそしく少し離れて歩いていると、はぐれてしまいかねません。それを防ぐためにも、しっかりと二人はくっついていたほうがいい。ということで、大勢の人が集まるショーも、デートでは密着手段としてもおすすめです。そもそも、かなりピカピカのロマンチックなものが多いので、恋人たちにはもってこいのショーでもあります。どきどきしながら見て、そのあと、人混みではぐれないように手をつなぐか、しっかり密着してください。

ついで〝ただの遊び場〟〝何かを探すイベント〟もおすすめしたいです。

遊び場、というのは、ランドでは「トムソーヤ島」、シーでは「アリエルのプレイグラウンド」に「フォートレス・エクスプロレーション」です。

トムソーヤ島と、アリエルのプレイグラウンドは、特に子供向けのように作られています。幼稚園児から小学生くらいの男子がもっとも喜びそうな作りです。公園にあるような遊具が備え付けられている。自分たちで道具にまとわりついて、勝手に遊ぶところです。

だからこそ、かなりデート向きな施設なのです。

デートというのは、オリジナルな展開ができれば、盛り上がります。ジェットコースターに続けざまに乗っていても、さほどオリジナルな展開はできませんが、こういう〝子供のための遊び場〟で大人がふつうに楽しんで遊ぶと、何だか自分たちだけの世界を創ったようにおもえてくるものです。ふしぎな高揚感があって、かなり盛り上がります。ディズニー内では、より子供心を持っていたほうが楽しい、という気分とも合致します。そういうのは女子のほうが得意なので、女性はその女子気分を、男性は公園的遊び場の少年気分できちんと遊べば、とても楽しいはずです。

大人気ではないアトラクションにも、いろいろとおもしろいものがあります。ファストパスなど発券されておらず、これからも発券されないだろう、とおもわれるアトラクションたちですね。そういうもののほうが、デートでは味わい深い。

たとえば、ジェットコースターにしても、子供向けだとおもわれがちな小さいコースターがデート向きです。

ランドだと「ガジェットのゴーコースター」、シーだと「フランダーのフライングフィッシュコースター」。もともと完全な子供向けだけに、かえってこれらはカップル向きです。まず、何といっても子供向けだから座席がかなり小さい。つまり二人はけっこう密着して座らなければいけません。また座席が子供向けだから、身体がふつうのコースターより外にはみだしている感じがして、より風を感じて、スリリングです。「子供向けだとおもってたのに、乗ったらおもった以上に怖かった。楽しかった」との声をたくさんいただいております（私が同行した女性たちの言葉です）。

小さい座席に座って、いやがおうにも密着してしまう、というのはいいです。

ディズニーデートを計画すると、「人気アトラクションと人気のパレードやショーをどう見るか」ということに力を注ぎがちですが、そうではない方法がデート向きだ、ということです。

子供向けに作られた遊園地では、だから大人も楽しめそうな人気アトラクションは避け、どう見ても子供向けに作られているものたちを存分に楽しむほうが、じつはデートにはとてもいい、というお話です。

けっこう慣れてくると、そのへんのポイントに気づくのですが、ランドやシーに慣れていないと気がつきません。だから、デート相手とそう深い関係でないときには、〝完全に子供向けだといままでおもっていたもの〟にどんどん挑戦していったほうがいい、とおもいます。かなり有効な提案だと、自負しております。

大人が乗ってはいけないもの、大人が入ってはいけないところ、というのは、ディズニーにはないはずなので、子供向けに見えても、大人対応にもなっています。

子供向けはデート向け、とおもって、どんどん使っていきましょう。

デートをうまく成功させるには、やはり「のんびり気分を忘れない」ということですね。

できることなら、ランドやシーには「温泉に入る」という気分で行くのが一番いいです。温泉は入ることが目的で、入っているだけでただぼんやりしていることが、幸せです。

温泉のなかで、あれもやろう、これもやろう、となると、なんか、ちょっと違ってきますよね。のんびり、ぼんやりが一番幸せ。ランド&シーのなかで、そういう気分になれれば、もう勝ちです。入園料のもとが一番とれています(乗ったアトラクションの数で入園料を割る、というのは高校を卒業したときに一緒に卒業してくださいね)。のんびりやりましょう。そのへんはプーさんをみならうといいとおもいます。

第二章

いつ行けば恋が成就《じょうじゅ》し、いつ行けば喧嘩《けんか》になってしまうのか

さて、ディズニーデートでのんびりするには、行く時期も大事です。

ディズニーデートの障壁は、混雑ぶりです。

ものすごく混んでいると、たとえば温泉でも湯船で座れないとなると、あまりゆっくりした気分になりません。芋の子を洗うようなところでは、気も立ってきます（いま、ふと考えましたが、私はこれまでの人生で芋の子を洗ったことはまだありませんでした。どうでもいいですね。でもふとおもっちゃったので報告しておきます）。

ディズニーでのんびりするには、そこそこの混雑くらいのときがいいでしょう。

急いでまわりたいなら、もちろん混雑していないほうがいいです。

ディズニーランド&シーはいつすいているのか、いつ行けばいいのか。その根本的状況を説明しておきます。

もちろん、日本人ならほとんど誰でも「ディズニーランドは混んでいる」ということを知っています。

デートに行く人も、それなりの覚悟はしているでしょう。人気アトラクションには並んで乗らなきゃいけないとおもっているでしょう。

ただ、ときに「異様に混んでいる」ということが起こります。「人の想像を超えて、壊れたように混んでいる」ということがあります。まともに前に進めない、という混雑ぶりですね。

混みすぎていて、中に入れないことまであります。入場制限というやつですね。入ろうとおもっていたシーが満員で入れなくて、予想していなかったランドのほうにまわらざるを得ないということも起こります。

かとおもうと、あまりにも混んでいない日もあります。なんで、と不思議に思うほど混んでいない日に入れることもあります。

そのへん、わかっている範囲でお教えしておきましょう。

まず、いつが混んでいて、いつがすいているのでしょうか。

年単位から見ます。

東京ディズニーランドができたのが1983年の4月15日。

東京ディズニーシーができたのが2001年の9月4日。

それぞれ5年おきにアニバーサリーを開きます。

2016年はシーの15周年で、2018年はランドの35周年です。

シーの記念年にはシーが混み、ランドの記念年にはランドが混みます。

近いところを整理しておくとこうなります。

2016年9月から2017年8月⇩シーが混む。

2018年4月から2019年3月⇩ランドが混む。

2021年9月から2022年8月⇩シーが混む。

2023年4月から2024年3月⇩ランドが混む。

以下同様。

シーは2019年に新アトラクション導入予定です。

（2017年5月にもシーにはニモの新アトラクションが導入されます）。

ランドは2020年に大掛かりな新エリア（美女と野獣エリア）を作るので、それぞれ、その年は混みます（この2020年のランドの改修は大改変なので、その影響は1年を超えて続くとおもわれます）。

２０１８年４月から２０１９年３月はランドが混んで、２０１９年の後半からシーが混んで、２０２０年の春からはランドが混み、２０２１年秋からシーと、わりとめまぐるしく動くはずです。

できれば、アニバーサリーではないほうに行くのをおすすめします。

つまり２０１８年は35周年のランドが混むから、そのときこそシーに行ったほうがいいし、２０２１年のクリスマスはシーが混むから、ランドに行ったほうがいいということです。じっさいにかなり混雑ぶりが違います。特別なこだわりがないのなら、混んでいないほうがいいと、私はおもいます。

でも混むには混む理由があって、そっちのほうが楽しそうだから、ですね。混んでいても、より楽しいほうがいい、というのはひとつの判断なので、却下しにくいです。ただ、アニバーサリーじゃないほうでも十分楽しいので、私はそっちのほうがデート向きだと、おもっています。

では何月に行けばいいのか。

ランドとシーのアトラクション＆キャラクターグリーティングの待ち時間を、月ごとにざっくり平均を出した数値が以下のものです。

1月	55分
2月	71分
3月	99分
4月	55分
5月	52分
6月	50分
7月	50分
8月	66分
9月	54分
10月	57分
11月	64分
12月	67分

だいたい混んでいます。
目立って圧倒的に混んでいるのは3月ですね。よく覚えておいてくださいね。

3月がもっとも混みます。

2月も混む。

すいているのは6月と7月ですね。ついですいているのは5月9月1月4月です。

つまり、東京ディズニーリゾートの混雑を避けるのなら「4月から7月」がおすすめ、となります。わかりやすくいえば、東京ディズニーランドで〝イースター〟イベントをやっている期間、です。覚えておいてください。ハロウィン、クリスマスイベントと違って、イースターイベントは、あまり客が来ない時期に開かれているイベントなんですね（4月の最初7日間はとても混むので注意して下さい）。

イースターは、デート向きの季節です（ラブ度合いが低いところもいいですね）。


何曜日がすいているか。それも見ておきます。

平均値を出してあります。人気アトラクションの日中の平均待ち時間です。

土曜68分、日曜67分。土日は混みます。

ついで混むのは、土日とつながっている、月曜55分、金曜54分。

週のまんなかがすいています。火曜52分、水曜53分、木曜50分。

土曜と日曜では土曜のほうが混んでいるし、遅くまで混んでいます。日曜の夜は早めにすいてきます。月曜と金曜だと月曜のほうが混んでいます。

以上が基本的な状況です。

ざっくり言えば、アニバーサリーじゃない年の、4月から7月の木曜がすいています。木曜はいろいろむずかしいでしょうから、4月から7月の天気のいい日が、東京ディズニーランド&シーのデートには、とても向いている、と言えましょう。おすすめです。

合い言葉としては「ハロウィンの次はきっとイースターが来るよ！　いまのうちにイースターを経験しておこうぜ！」です（あくまで合い言葉です。私個人としては、イースターは流行《はや》らないとおもっています。もっと個人的な意見としていえば、イースターには、定着してもらいたくないです）。デートの誘い文句としてだけお使いください。

逆にもっとも混むのは、春休み時期、ということです。2月3月の、特に連休がらみだと大混雑になります。平成の次の御代は2月23日が祝日となり、2月の混雑度が増しそうです。また、3月の最後の週から4月の最初の週（小中高が春休みの期間）

が最高潮に混み、この時期だけ平日に入場制限が掛かります。ゴールデンウイークが混むとか、年末年始やクリスマス、お盆休みが混むというのは想像できるでしょうが、ディズニーランド&シーにかぎっては「日本中の中高生がやってくる春休みがもっとも混む」とおぼえておいてください。ここだけは絶対に避けたほうがいいです。

あとは秋の3連休がかなり混みますね。3連休では、やはり初日の土曜が混みます（ハッピーマンデーの場合です）。

ゴールデンウイークやお盆休みは、もちろん混みますが、ディズニーランド&シーだけを眺めている目でみれば、さほどの混雑ではない、と言えます（その言葉を丸ま信じてトイ・ストーリー・マニアにゴールデンウイークに乗りにいったら150分待ちだったどうしてくれるんだ、と言われてもどうしようもありません。つまりトイ・ストーリー・マニアは、3月末は200分から240分待ちだったから、それと比べてすいている、ということなので、そのへんは気を付けてくださいまし）。

芋の子を洗うような混雑日に二人でいくと、やはり喧嘩しやすくなります。

逆に、どこまでも自分のおもいどおりに二人でまわれたら、恋は成就しやすくなります。

つまりディズニーデートで恋が成就しやすいのは、花見のあとから初夏あたりのとても気持ちの良い季節のデート、ということになります。意外な感じがしますが、真実です（この時期にデートして勢いで結婚してしまった実例を私は知っています）。

喧嘩しやすいデートは3月です。

「恋の成就しやすいデートは4月5月6月7月。喧嘩しやすいデートは3月」

あくまで傾向です。

第三章　男の馬鹿《ばか》と女の利口

さて、ここからは「男女の違い」について語っていきたいとおもいます。ディズニーデートでは、ときに男と女の考えの違いが浮き彫りになることがあります。それは、笑い話で済まされることもあれば、ときに深刻な対立につながります。笑い話で済ませるためには、男と女はディズニーランド内では違った行動をとってしまうのだ、ということをお互いにわかっていたほうがいいでしょう。

もうずいぶん前のことになりますが、こういう光景を目撃したことがあります。「バズ・ライトイヤーのアストロブラスター」というアトラクションが新しく出来た直後のゴールデンウイークでの風景です。その日は、新アトラクションの待ち時間が「300分待ち」になりました。5時間待ちです（新アトラクションオープン直後にはこういう待ち時間が出ます）。

私は、本当に5時間待ちなのかどうかを調べるために、学生と交代でその列に並びました。

並び始めて3時間をすぎたとき（10時くらいから並んで、13時くらい）、私たちのすぐうしろに並んでいるカップルが揉《も》め始めました。

「つまんないから、これに並ぶのもうやめようよ」と女性が言い出したのです。驚きました。

「いやいやいや、そんなこと言わずに、もう3時間並んだんだし、あと2時間なんだから、がんばって並ぼうよ」

と彼氏は言います。

そりゃまあそうでしょう。

でも彼女はしきりに、もう離脱したいと言い続けます。彼氏は説得します。それに説得されて、並び続けることになったみたいでした。

しばらくすると、彼女が怒っている声が聞こえました。

「いったい、どこに行ってたのよ！」とかなりきつく厳しく怒っています。見ると、彼氏はアイスクリームなどを買いに行っていたようで、それを手にしています。

細かくは見ていなかったけれど、どうやら彼女の機嫌を取ろうとして、飲み物と甘いものを買ってきたようです。

「私を一人きりにして、いったいあなたはどこへ行ってたのよ」

そういうポイントで彼女はものすごく怒っていました。その怒りの炎で、無関係な私たちまでも焼かれてしまいそうでした。

怖い。

その一語に尽きます。

女性の言いだすことはよくわからないし、しかもいきなり怒るので怖い。

そう痛感いたしました。

このエピソードはずいぶん印象的だったので、すでに何回か書いています。でも知らない人もいるとおもうので、また書きます。物書きは、また同じことを書いているよという声を恐れずに、繰り返し同じ話を書く勇気が必要だろうと私は考えています。

とても怖い話でした。

5時間待ちのうち、3時間並んだのに、それでも離脱する、と女性は言いだすことがある、というところが驚きでした。

ひとつは、本当に5時間で乗れるのかどうか、わからない、ということがあるのでしょう。ディズニーランド&シーの待ち時間表示は、かなり正しいことが多いので、その心配はほぼ無用なのですが、不安な気持ちはわかります。あとどれぐらい並べばいいのかわからないし、もう並ぶのやめましょうよ、と彼女は言いたかったのでしょう。

並んでるだけって、本当につまらない。もうこのつまらない時間が続くのはいやだ、という主張でもあります。わかりにくいけれど、ある種の甘えでもあります。機嫌を取ればいいんですね。

ただ、男性はそうは考えられません。

5時間待つという指令がまず頭の中を大きく占めています。そのうち半分を越え、やっと後半に入ったとおもっているのに、離脱しよう、という提案にはただただ驚きます。説得しようとします。3時間待ったんだから、あと2時間だから、もう半分は過ぎたんだから、がんばって並ぼうよ。

女性としては、まだこんなつまらないことがあと2時間も続くのか、と聞いて、よけいに絶望させられた気がします。

男はタスクを与えられ、それをこなすためとなると、なかなか離脱できません。

「楽しいことをしにきたのに、すでに3時間もつまらない時間が過ぎているのだから、もう、これはやめよう」という女性の提案に納得することはできません。女性も、その理屈はわかっているけれど、でも、もうイヤだこれ、とおもったら、それを口にします。ほんとうに離脱するかどうかは別として、口にします。でも男は、本気で離脱する気なんだとおもってしまって混乱します。大変です。

男は頭が勝っているということでしょう。

男は頭で動くが、女性は感情で決める傾向があります。

男性はどうしても理屈で説得しようとしますが、女性は結論を欲しがっているわけではありません。この場合でも、男性は「新アトラクションに乗る」というタスクが達成されれば、その過程はあまり問題にしません。でも女性の場合は、新アトラクションに乗るという、そのタスクだけでは納得しません。しない人がけっこういます。そこに到《いた》る過程も大事です。会話で男性が結論を急ぐのと違って、女性はただ会話しているだけ（人と気持ちを通わせているという実感だけ）でも楽しめます。この「新アトラクションに乗るためだけに5時間忍耐する」ということを楽しくないと強く考える人もいるでしょう。

機嫌が悪いから、機嫌を取ろうとして、女性の喜びそうなものを買ってくる、という行動はとても正しいとおもいます。でも、そのときも、男性に言葉が足りなかった。何を買いにいく、どこに行く、どれぐらいかかるか、そのへんの話を、きちんとプレゼンテーションして、彼女とやりとりをしていれば、怒られなかったのでしょう。でも、それを省いて、とにかく甘いものをと、結論を急いでしまった。だから怒られた。

でも男性側からすれば、かなり理不尽で、ただ扱いにくい、としか見えません。300分待ちだと納得して並んだのに、なぜ途中で無茶を言いだすのか、機嫌を取ろうとして、彼女の好きそうな甘いものを買ってきたのに、なぜいきなり怒るのか、そもそも一人残っていないと食べ物は買ってこられないではないか、とにかく無茶を言いすぎだ、困る、ということになる。

どちらも少し言葉が足りなくて、行き違ってしまいました。

もうひとつの光景。

それは「お土産物を買う」ときに見られます。

ディズニーランドやシーにはとても多くのショップが用意されていて（ワゴンを含めるとランド内でざっくり45店舗もあります）、そこには恐ろしい数の〝かわいいデイズニーグッズ〟が売られています。

この「大量のかわいいグッズ」が問題になってしまいます。

女性が「かわいい」に捕まってしまう。

もちろん男性だって、グッズを見るのは楽しいです。お土産物を買うのだって楽しい。これは誰にあげよう、こっちは誰にあげようと選ぶのは楽しいです。

ただ、男性はあくまで「最終的に目的があって」グッズを見ています。

だいたい友人や家族、バイト仲間や会社の同僚への土産を買うため、ないしは自分の欲しいものを買うため、そういう目的のために見ています。いや、もちろん男性にだって「見ていて楽しいから見ている」ということもあります。でもそれは、対象物として、見るものとして見ています。

でも、女性の場合、「見ているだけで楽しいから、ひたすら見る」ということが多いようです。

しかも、同化しようとしているふうに見えます。かわいいから鑑賞しているというよりも、かわいいものをかわいいと愛《め》でることによって、自分の気持ちも自分もかわいい状態になっていく、それを楽しんでいる、ということです。ちょっと不思議です。

そもそも、グッズを見たい、と言うのでついてきたら、けっきょく何も買わないで見てまわるだけだった、というのが、よくわかりません。男性にとってはかなり不思議な習性です。

これは、男性から言えば、最初に「見るだけだから」と言ってくれれば、とても助かる。そのつもりで、一緒にまわれます。そういうことをするのは、わかる。言ってくれれば付き合う。

でも、何だか買いたそうだし、迷っているし、比べているし、そういう行動を取っているときは「買うために迷っているのだろう」と男性は推測しがちです。

でも、女性は、30分以上いろいろ見てまわったあげくに「今日はいいや」と何も買わないでお店を出ていったりします。

男性は衝撃を受けます。言ってしまえば、裏切られた気持ちになります。

え? 買わなくていいんですか。欲しそうだったじゃないですか。

そう考えてしまいます。

「見るだけで満足しちゃった」と言われても、言葉の意味はわかりますが、その心情の細やかさまではわかりません。

また女性は、男性がそういう〝もやもや感〟を抱きながら付き合っているということに、あまり気がつきません。

女性が女性同士で買い物にいくと、そういう買うんだか買わないんだかどっちともつかない行動が楽しくて、それだけで盛り上がるわけで、「女性同士ではとても楽しいことを、好きな彼氏ともやりたい」とおもって、彼氏を連れてきてくれるわけですね。それが彼にとって、軽い拷問《ごうもん》になっている、ということまではなかなか気づきません。

女性の買い物に付き合わされると、女子力のない男子は（そういうタイプのほうが世の中には多いです）、ふつう混乱します。

その行動がわからない。意味がわからない。何をしてるのかわからないし、何をしたいのかもわからない。

それでいて「これと、これと、どっちがいいとおもう？」と聞かれて驚きます。

必死で考えて、こっちがいいんじゃないか、と答えても、スルーされたりします。これをやられると何かにすがりたいくらいに、へこみます。それが女性によるコミュニケーション・サービスだなんて、夢にも想像できません。

「どっちがいいとおもう？」とショッピング中の女性に聞かれた場合の正しい答えは「きみはどっちがいいとおもってるんだい？」と聞き返すことである、なんて知恵を仕入れたのは、ずいぶんと大人になってからです。小学校で教えておいて欲しいです。いや、ぜひ、教えないとなりませぬ。遅くとも中学の道徳で教えましょう。

買わないのに（しかも買うか買わないかがわからないまま）、ショップに長い時間いる、ということが、男性にはあまり理解できません。

デートでこれをやられると、男性はとても消耗します。一方、デートを楽しくしようとして、サービスとして、女性はそういう行動に出てしまいます。

ぬいぐるみを買うと決まったときも、女性には不思議な手続きがあって、男性はそこでも当惑します。

たとえば「ダッフィーのぬいぐるみを買ってあげるよ」と私が提案することがあります。

同行の女性に買ってあげるわけです。だいたい、一緒に調査に行ってもらっている女子大生です。

いいんですか、と言いつつ、彼女はそこでダッフィーを選びます（ご存じだとはおもいますが、ダッフィーというのはディズニー製くまのぬいぐるみのことです。ダッフルバッグに入っていたので、ダッフィーと名付けられました）。

このときに女性には儀式があります。

ダッフィー選良の儀式です。

ダッフィー売り場にはダッフィーが何百体も売られています。ひょっとしたら千体くらい、ずらっと置かれている。

その山を前にして、彼女はダッフィー選別の作業に入ります。

まず手近のふたつみっつを見比べて、自分が気に入った子を選んで、それを手元におきます。

1回戦の勝ち抜けです。そのあと、次々とそのへんにいるダッフィーと顔を並べて比べます。それを繰り返します。べつのダッフィーと、自分がいま持っているダッフィーの顔を並べて、しげしげと見比べて、うなずいてひとつを戻します。次の子をつかんで、見比べて、戻します。それを何度か繰り返したのち、こちらを見てにっこりと微笑《ほほえ》んで「これにします」と宣言します。

うんうん。

よかったよかった。

まあ、時間にして数分、長くても10分くらいですから、待てばいいんです。待っています。

黙って、にこにこ、待っていますよ。

でも、意味はわかりません。

同じ顔をしている、と私にはおもえるダッフィーのぬいぐるみを、ひとつずつ顔を見比べて選ぶという行為の意味が、私には正直、わかりません。

だからといって、絶対に言ってはいけない言葉があります。

「いや、どれでも同じでしょう」

世界中の男性が、お買い物で迷っている女性に向かって、待ちきれずについ言ってしまう決定的なひとこと。どれも同じでしょう、つまり「そんなことに意味があるのでしょうか」「早く決めてよ」という発言。

これは女性の心の何かを大きく傷つけてしまう、らしいです。

なんどか、言ってしまったことがあります。男は愚かですから。

どれでも同じなんじゃないの。何でもいいんじゃないの。どれも似合ってるよ。

そんなことを言ってしまうと、必ず怒られます。あなたが世界を征服した直後の王ですべての臣民にあがめられている大王であろうと、ものすごく怒られます。

どれも同じじゃないの？

「いえ、全然、ちがいます」

きっぱりと言われます。あまりにきっぱりしているので、男は怯《ひる》みます。

そこへ畳み込んできます。

「自分のものを選んでるんだから、自分が気に入った表情のぬいぐるみを選ぶのは当たり前じゃないですか。それぐらい待てないでどうするんですか」

ふかぶかと胸に突き刺さってきます。

女性は、反論できない正論をすぱっと言ったうえに、男の女々しい部分をクリティカルに指摘してきます。心臓に突き刺さります。

それぐらい待てないでどうするの、女々しいわねと正面切って言われて、反論できたことはありません。たぶん、世界中の男性の誰も反論できないとおもいます。男性は暴れるか、すねるかしかありません。暴れないようにしてください。

買ってあげたあと、機嫌よさそうなところで、聞いたことがあります。

「いま選んだダッフィーを、もとの山のなかに戻しても、見つけ出せますか」

3体くらいの中に混じったのなら見つけ出すことができる、でも数十の中から見つけ出すのはたぶん無理、と言っていました。

そういうものらしい。

すべてのぬいぐるみの表情が判別できるわけではない。でも、みっつ並べると違いはわかる。だから、その中で自分の好きなものを選ぶ。

女性には当然の行為であり、男性にとっては、そんなところに時間と手間をかけるのか、と驚いてしまう行為です。

あくまで、一般論です。

すべての女性が必ずダッフィー選良儀式を行うわけではない。男性でも、女性の買い物にストレスなしにつきあえる人もいるでしょう。

この本に書いていることは、あくまで一般論であって、個々には適合していない人もいるとおもいます。ただ、男と女はどうしても違っているわけで、それぞれに理屈と正義があり、相手方には理解してもらいにくい、ということもまた真理です。自分と違っているとおもえる部分があっても一般論だということで、各自、うまく読み取ってください。

ざっくり言って、女性は身近なものをしっかり見る目を持っています。

男は遠くばっかり見ていますね。

その身近なものをしっかり見る目が、ダッフィー売り場でも発揮されているわけです。

身近にあるものを細かく見る能力は、家庭を守り、家族の不調をすぐに見抜く。子供の具合が悪いと、女性はすぐに気づきます。男は気づかない。それは男は愚かだからと言ってしまえばそうなんですが、どこを見ればいいのか、何に気づけばいいのかが、もともとわかっていないからです。機嫌が悪くなったら表情や顔色がどうなるのか、気分が悪くなったときも同じなのか、興奮しているときはどういう表情になるのか、女性はすべて見て記憶しています。男性は、あまり覚えていません。そんなところを見る習慣がないですから。

女性は、浮気した男性の不審な行動は、神の目のように瞬時に見抜く。直感的に見抜くのは、男性が気にしていない微細な違いに簡単に気がつくからでしょう。

男性は、余計な行動をしつつ（浮気したすべての男性は必ず余計な行動をします）、いつもと違う、という信号をむやみやたらと発信しながら、自然に振る舞っている気分になっています。バレないわけがない。

男は遠くを見るし、全体を見ようとする。

大きくとらえようとするし、大雑把《おおざっぱ》にとらえようとする。小さい違いはわからない。

冷蔵庫の中にあるものが見つけられない。しかたがない。そういう仕様になっているんだから。


男性は、身近な人間の細かい違いは見ていません。

女性の行動の多くを、変なことをするなあ、と見ています。

女性のほうは、男性を馬鹿《ばか》じゃないの、とおもって見ています。

女性は変だし、男性は馬鹿です。


そうやって男と女は行き違ってしまいます。

男はいったん並んでしまった列から抜け出す勇気を持てないし、女はかわいいものが並んだ棚の前で迷いに迷うという時間を手放すことができない。

ディズニーでも、男と女が行き違ってしまいます。

どこであろうと行き違いますが、ディズニーランド&シーではより顕著に行き違うことがある、私にはそう見えます。

このテーマを考えると、いつも落語『火焔太鼓《かえんだいこ》』のフレーズをおもいだします。

「女の利口と男の馬鹿がつっかう」

とても汚れた太鼓を仕入れた古道具屋の亭主と、その古女房のお噺《はなし》。あまり商売上手ではない亭主が、「二分《ぶ》」という高値できたない古太鼓を仕入れてきたことに、女房はキレる。たまたま興味を持った殿様にその太鼓を売りにいくことになったが、儲《もう》けようとするんじゃない、元値の二分のままで売るんだよ、と女房は亭主に強く言う。

ところが、この古太鼓が三百両という高値で売れた。

二分を2万円とすると、一両は四分ですから三百両は1200万円ですね。2万円で売ってくるんだよと女房に言われて屋敷に行けば、1200万円で売れた。大金を手にして「女房に言われたとおりにしなくてよかった」と言いつつ、亭主はこうつぶやきます。

「こういうところを言うんですよ、女の利口と男の馬鹿がつっかうってのは」

女の利口と男の馬鹿がつっかう。

女の利口さは「損さえしなければいいから、2万円で売ってこい」と言う。その利口に従っていれば、1200万円という大儲けはできなかった。小さいことには女の利口はいいけれど、大きいことには男の馬鹿が有効だ、というお噺です。

「女の利口と男の馬鹿がつっかう」のひとことで、いろんなことを言い当てているようにおもいます。落語の名ゼリフのひとつです。

(「つっかう」は辞書的には「支える」という意味なんですけどね)。

これは古今亭志ん生の音源がいいです。機会があったら聞いてみてください。

現実的な判断をする女性の利口さは、常に世に安寧をもたらすが、ときにそれを超える男の馬鹿さ加減が世の中を変えていく、どちらも社会に必要だ、という噺だと私はおもっています。

江戸の昔からそうでした。

というか、江戸なんていう最近のことではなく、もっともっと大昔、1万年前、10万年前の太古の昔からそうだったんでしょう。

女は利口で、男は馬鹿で、つねに衝突する。

しかたない。

行き違うんだけれど、コンビを組んでやっていくようにとセッティングされているんだから、文句を言いつつ、やっていくしかない。利口だけでは大きな視点を持てないし、馬鹿だけでは日常の生活に支障をきたす。どちらもあったほうがいい。

ディズニーランド&シーでも「女の利口と男の馬鹿」はつっかいます。口喧嘩《くちげんか》にもなります。なるたけ本気で衝突しないでください。でもときどき、あきらかに本気でぶつかっているな、というカップルを遠目に見かけます。なるべく、仲良く喧嘩してください。

男と女は、つねに行き違います。

行き違うものだ、とおもいつつ、ときに腹を立てつつ、でも楽しく過ごしましょう。

第四章　男は人に道を訊《き》くことができない

つづいて「見知らぬ土地での行動」についてふれたいとおもいます。男と女の、昔からのお話。

2003年のディズニーアニメ『ファインディング・ニモ』で、ドリーという女性の魚（日本語吹き替えは室井滋《しげる》さん）がとつぜんこう言います。

「どうして男の人って、人に道を訊《き》くのが嫌いなの？」

う……。

はい。そのとおりです。

嫌いです。苦手です。人に道を訊きません。

だってそれが男だから。

べつだんディズニーランド内にかぎらず、見知らぬ土地をカップルで移動するときにも必ず出てくる問題ですね。

しかも、ディズニーランドでは「地図」に関して大きなトラップもあり、独自の問題となっています。

まず。

ディズニーランドの地図の問題から。

ディズニーランドでは「正確な地図」を用意してくれていません。

ディズニーランドで渡される地図は、かなり変形して描かれています。楽しそうな地図に仕上がっているが、この地図をもとに移動しようとしても、あまり役に立たない。

ざっくりとは合っています。

入っていって左にいけばアドベンチャーランドがあるし、その奥はウエスタンランドになっている。そういう基本的なことは何となく地図でも読み取れる。どういうアトラクションがあるかもわかる。

でも位置関係が正しくない。

そもそも、縮尺がめちゃくちゃです。つまり重要な建物を本物よりも大きく描き、あまり注目されないエリアを小さく描いてます。

そして、道の交差角度がまったく正しくない。

「道の交差角度の正しくない地図」を片手に、見知らぬ場所を移動しても、まず目的地にはたどりつけません。「幼稚園児がクレヨンで描いてくれた地図を片手に、込みいった住宅街にある友人の家を探す」くらいにむずかしいです。

そもそも、ランドじたいは縦長なのだけれど、地図は横に平べったく描かれている。


これはディズニーの意図でしょう。

正確な地図をもとに、目的地まで最短距離で行ってもつまらないから、迷ったり見知らぬ場所を歩いたり眺めたりして、楽しんでください。すごく適当な地図にはそういうメッセージが込められているようにおもいます。でも、だれもそういう地図だとは教えてくれません。


女性は、あまり地図を見て移動しません。

地図はそもそも、男性向けに作られているので（男性的な空間把握能力向けに作ってあるので）、女性はあまり地図を頼りにしません。

地図が歪《ゆが》んでいて困るのは、ディズニーランド内でも地図を頼りに、人に道を訊かないで動こうとしている男性だけです。

迷って見知らぬところに出て、もとに戻ろうとして、また迷う。それでも、男性は地図を手放そうとしない。地図と照らし合わせて、何とか自力でたどり着こうとする。

そこで女性はぽつりと言う。

「どうして人に訊かないの？」

うーむ。それは、そうなんだけどさ。

男には、人に訊けない事情があるんですよ、ね、兄弟。

地図を歪めているうえに、ディズニーランドでは、いろいろなものの方向や位置感覚がわからなくなるように仕掛けてあります。

おそらく、子供が迷っても楽しく感じるように作っているんだとおもいます。ディズニーは子供向けの施設ですから。それは、男性が得意とする「空間把握能力」をまったく機能させない、という効力も持つようになりました。

地図を見てもだめ、自力で歩き回っても半日ぐらいではまったく把握できない「楽しく歪んだ空間」が用意されています。

こういう状況を、女性は素直に受け入れます。

でも、男性は、何とか立ち向かおうとします。見事に粉砕されます。

大変です。


女性はいくつになっても女性同士でやってきて、ディズニーランドを楽しんでいます。40代や50代の女性だけでランドを楽しんでいる、というのは、実際によく見かけますし、50代の女性から、まわりかたを相談されます。

ところが、おじさんだけでディズニーランドにやってきて、はしゃいでいる姿はあまり見かけません。40代のおじさんが二人、「ランドは歩いてるだけで楽しいよなあ」と肩を組んで歩いているのは見かけたことがありません。50代の紳士が4人で「やはりゴルフよりはホーンテッドマンションのほうが楽しいですな、がっはっは」とファンタジーランドではしゃいでいるのも見たことがありません。

男同士で来るのは、まれに大学生くらいまで、ふつうは高校生まででしょう。中学生や高校生あたりの男子が、6人そろってドナルドダックの格好で来てる、というのはときどき見かけます。でも、高校生までです。大学も1年くらいまでかな。つまり

10代です。男性が男性同士で来られるのは10代だけ。それ以上は大学生でも、ふつう、男女混合で来ます。

ランドは、あきらかに全世代的に女性向けです。

だから女性の行動が正しいのです。

ランドで、道がわからなくなったときの正解は「スタッフに訊く」です。

でも、男にはそれができない。

道に迷ったときに、人に道を訊きたくない、自力で道を見つけたい。

男性にはそういう傾向があります。日本人に限らず、全人類に共通です。

「なぜ、男の子は、道がわからないときに人に訊かないのか」

先に答えを言えば（女性側から見えている光景どおり）馬鹿《ばか》だから、です。男性は馬鹿だから、訊けばいいことを人に訊きません。

でも、そう言ってしまうと、話は終わってしまいます。

男性側から「どうして男は道を訊かないのか」問題について、ご説明もうしあげます。

それは、訊くのがいやだから、です。

はい。

でも、それでは答えになってませんね。

もう少し踏み込んで気持ちを説明すると。

「困ったときに他人の力を借りずに、自力で解決したい」からです。

そうしないと「負けた」と感じてしまうから。

男性は、そう考えています。


男性側のへりくつを言えば、「わからなければ、人に訊けばいい」という考えが常に正しいわけではないだろう、とも言いたいわけです。

私は、いつでも何でも、わからないことは人に訊けばいい、というロールモデルを、あまり信用しません。いつでも何でも人に訊けばいいと考える男を、男としては、どうしても信用できません。

失敗しつづけても、自力で何とかする男がいいとおもっている。

だから、男はいつも道を歩いているかぎり、誰の力も借りずに、自分だけでたどりつきたい、と考えてしまうわけです。

必要ないかもしれませんが、もう少しそこを踏み込んで説明してみましょう。

その心持ちを説明してみると、これは「来たるべき日」に備えた訓練だからです。

「来たるべき日」とはなにか。

それは男性が心の中にもっている決戦の日です。

心の中で決戦の日を想定し、そこで勝つことが、男性にとってとても大事なわけです。

「来たるべき日」がどんな日なのか。

それはよくわかりません。漠然としか想像していません。

でも「来たるべき日」には人に道など訊いていられません。

まわりにいるのはすべて敵であるかもしれない。自分以外に誰一人として存在していないエリアを進むことだって充分ありうる。地球のすべてが燃えさかっている可能性だってある。善意の人たちが、そのへんをひょこひょこ歩いていないのが「来たるべき日」です。

すべてのことを自分の力で何とかしなければならない。

その日のことを意識して、男は生きているのです。

だから、見知らぬエリアに行ったとき、道がわからなかったら、誰にも尋ねず、自分が手にした地図と情報だけで、あとは直感によって、目的地にたどり着かなければならないのです。

旅の途中、見知らぬ土地こそ、「来たるべき日」に備えた絶好の訓練の場所です。

だから、男は迷っても道を訊きません。

この話を聞いて、納得してくれる女性は、おそらく地球上にはいないでしょう。

世界中の男性は中二病なのか、といわれれば、反論ができません。たぶん、そうです。

書いている最中でも、女性からのツッコミがたくさん聞こえてきました。

「あのね！　人類とか世界とかはどうなってもいいから、いまディズニーランド内で迷っている、この状況を何とかしなさい！」

これがごくごくふつうの感想でしょう。

もうちょっとやさしいツッコミはこんな感じです。

「わかった。来たるべき日のために、いつも訓練していたいというキミの気持ちはわかったし、それはそれで尊い行為だとおもう。よ〜く、わかった。がんばって欲しいとおもう。うん。でもね、いま、ここでは、やめて。ね。ここでその訓練をやられても、私が困るだけだから。やめてちょうだい。わかった？　そ、し、て、いい？　こっちを向きなさい、これを見なさい、これを持って、あそこにいるスタッフに、この『スーパードゥーパー・ジャンピンタイム』はどこでやってるんでしょうか、と、さっさと、聞きに行って、きなさーい！」

はーい。

こういう場合、女性の言っていることのほうが圧倒的に正しいです。全人類の危機に対しては男性のほうが正しいかもしれないが、いまここにある小さい問題に対しては、女性の言っていることのほうが必ず正しい（現実的な全人類の危機の場合でも、地球全体に関する意見は男性のほうが正しくても、そのときまず何をやるかは、女性のほうが正しく判断するような気もします。がんばれ。がんばる）。

ただ。

男性のこういう行動が、人類を発展させたり、大いなる危機を救ったりしている、のかもしれない、なんてことを、少し考えてみても、いいですか。

そもそも「男の大半は無駄」です。

オスは動物として無駄な存在です。

メスは、同じ生物を産卵出産する能力があるというポイントにおいて必要な存在ですが（動物の話です）、必ずしもオスはメスと同数である必要はない（動物の話です）。

それなのにほぼ同数オスとメスがいる状況というのは、多くのオスは、種の保存の可能性を広げるために、いろいろ無駄だとおもえる変なことに挑戦するために生かされている、と考えていいんじゃないでしょうか。そういう説を聞いたことがあります。

無駄だとしかおもわれないことに挑戦して、そのうち万にひとつ、大当たりがあるかもしれなくて、その場合、その大当たりによって、種の存在そのものの可能性をいっぱい広げてくれることになるわけで（多くの人類を救ったり、人口が増えてもみんな食べていける発見工夫をしたり）、ただし、それは万にひとつの大当たりだから、残りの九千九百九十九は無駄ってことになるわけで、その、万にひとつの大当たりのための無駄を担当するのがオスの存在意義そのものではないか、ということです。

オスと学問の大半は無駄です。無駄をどう受け入れるかは、社会の度量にかかっております。女は利口で、男は馬鹿ですが、どっちもいないと世界は進みません。

あっさり言うなら、女性は「人の輪に入るにはどうすればいいか」とおもって行動しているし、男性は「人に対して、自分が何ができるか、そしてそれを示すにはどうすればいいか」とおもって行動している、ということになります。

女性は、横並びに仲良くなろうとしているし、男性は、その集団の縦ヒエラルキーの中でどう行動すればいいかを考えているし、より高い位置に立てればいいな、と考えている。

「道に迷っても、人に訊きたくない」という男は、たしかに面倒な存在だとおもいます。

でも、これは個人的な性格の問題ではありません。神様が決めたプログラミングの問題です。

なんで人に訊かないの、と問い質《ただ》されても、答えはありません。

カップルで迷ったときは、女性のあなたが訊くか、スタッフに気づいてもらうか(目立つようにマップを広げましょう、すぐに近寄ってきてくれます)、あきらめるか、しかありません。ほうっておくと男は暴走します。

この場合、男の尻《しり》を叩《たた》いて訊きにいかせる、というのは、実はかなり無茶な選択です。

それによって男が負ったストレスは、想像よりも大きい。あまりそういう過酷な状況に男性を追い込まないほうがいいですよ。あとあと面倒です。

このポイントでは、男は馬鹿だから、とおもって諦《あきら》めてもらうしかありません。

よろしくお願いします。

男性諸君は、自分で道を探しているあいだ、女性は、ほとほと、あきれかえっている、ということだけは意識しておいたほうがいいです。男性には男性の理由があって勝手な行動を取っているけれど、それは女性から見ればただの意味不明のわがままであって、男性が想像しているよりももっと明確な対立ポイントになる（けんかのもとになる）ということは、常に覚えておいたほうがいいですね。

ひきつづき、おそるおそる、話を進めていきたいとおもいます。

第五章　攻略するな

どうも、男子は全般に落ち着きがない。

地上にきちんとおさまっていない、という気配があります。

動物としての使命なのだろうけれど「じっとしていない」というところがあります。

男児と女児を見ているとわかりやすい。

男児はいつもむやみに走りまわっている。もちろん女児も走りまわるが、しかし、男児のほうが、人類的な何かの要請によってより多く走りまわることになっています。

男児は落ち着きがありません。

落ち着きがないうえに、少し知恵がつくと「無駄なく動きたい」などと考えだします。

客観的に見るなら、どうせ落ち着きがないんだから、ひたすら無駄に動きまわればいいのに、とおもうのですが、どっかから知恵がつきだして「無駄なく動こう」という傾向が出てきます。少年が何人か集まると、かならずそういうことを考えるやつが出てきますね。男子のなかに役割分担が生まれます。そのまま死ぬまで、いろんな役割分担の中を、男子は生きていくことになります。

男子の集団では、効率が重んじられます。

なんで、とおもうのだけれど、でも重んじられます。男子に求められた使命というふうに考えるしかありません。女子から見れば、馬鹿《ばか》じゃないの、のひと言で終わってしまいますが、男子集団ではとても大事なことなのです。

そして、それは一人になっても変わらず、その法則で生きようとします。

「無駄なく動きたい」

それが指令となって、男子を突き動かします。

誰か止めてやったほうがいいとおもいます。

無駄なくまわりたいという男子の気持ちは、男子が集団で行動するときの規律としては有効ですが、それ以外では、かなり世界を混乱させていきます。

とくに女子とチームを組んでいると、混乱しやすいです。

デートにおいて、無駄なくまわろう精神が出てくると、たいがい、ろくなことになりません。

そもそも、男子が考える「ディズニーランドの楽しさ」と、女子にとっての「楽しいディズニーランド」には、かなり隔たりがあります。

ディズニーランド&シーを効率よくまわろうとすることの、何がいけないのか。

それは、ディズニーが、個人で立ち向かえるようなレベルの存在ではない、からです。

「ディズニーデートで、うまく立ちまわって、効率よくいろんな乗りものに乗ろうとしている男子」に言いたいことはひとつです。

「攻略しようとしてはいけません」

ただそれだけです。

ディズニー側は混乱させようと本気です。巨大な資本を投下して、優秀な人間を集め、その英知でもって、「ディズニーランド&シーをおいそれと攻略できないように」作りあげています。かれらはすべてのゲストを〝楽しく混乱させよう〟としています。

大の大人があつまって、人を混乱させようとすることは、ふつう、戦場以外ではありえません。でも、ここはそうなっています。

だから、混乱させられまいと逆らったところで、無駄です。ゆるゆるふらふら、流されるままに、楽しむほうが正しい。ディズニーランド&シーは、あなたの切れる頭と、鋭い洞察力だけで、何とかなるものじゃありません。そこんところを自覚しておいてください。

混んでいるかぎりは、攻略はできません。

もともとのディズニーランドは「ディズニーアニメ世界」の具現化から始まっています。ディズニーアニメは本来、子供向けだったわけですから、ディズニーランドもそもそもは子供向けです。

世界最初のディズニーランドは、ウォルト・ディズニーが1955年にアメリカのアナハイムに作りました。

「子供が楽しめる空間」として「考えうるかぎりのやさしい世界」を目指しました。

おそらくウォルト・ディズニーは、男性中心のマッチョな価値観で動く現実社会とは、きちんと切り離した世界を創りたかったのでしょう。そういう論理がいっさい入ってこない空間を目指したのだとおもいます。なぜ、そんなものを目指したのか、ウォルトはどんな思想を持っていたのかというのは、とても興味深い話題なのですが、ここでは深く立ち入りません。

とにかくウォルトはマッチョなヒエラルキー（男性的な力関係）をディズニーワールドへは持ち込まなかった。そこは徹底されています。

やさしい世界を創りました。

子供は何が楽しいと感じるのか、を徹底して考えて作られています。

ということは、若い男女がどう動けば楽しいか、ということはあまり考えられていないのですが、そこはあまり気にしないようにしましょう。

子供向け施設ですから、小さく、か弱いものに向けて作られています。

そういう人たちに対するホスピタリティの精神もとても厚い。つまり「もてなす心」「客に楽しんでもらおうという姿勢」が、ほかの施設にくらべて、とても優れています。

そのポイントから、デート場所としてよく使われるようになりました。

もともとの空間の持っている意味をわざと読み替えて、本来の目的にはない「デート場所」として活用しているだけです。だから、あまり若い男女向けの施設が充実しているようにはおもえません。

たとえば。これは特にランドのほうですが、東京ディズニーランドのジェットコースターには、さほど迫力がないように、私にはおもえます。ここだけの話ですけど。「マウンテン」の名前が付いているジェットコースターが東京ディズニーランドには3つあります。

スペース・マウンテン（1983年の開園時より存在）

ビッグサンダー・マウンテン（1987年オープン）

スプラッシュ・マウンテン（1992年オープン）

この中でもっともスリリングなのはスペース・マウンテンだと私はおもっているんですが、それでも、さほどの落下があるわけではありません。スプラッシュ・マウンテンなどは、最後の落下こそ少々急ではありますが、でもほんの一瞬でしかなくて、個人差はあるんだろうけれど、私は、さほどスリリングに感じません。一瞬、あっ、とはおもうけれど、でもまあ、それだけのものでしかありません。ビッグサンダー・マウンテンも、横には揺れるけど、あまり上下動を感じない。つまり重力がかからない。屋外を走っているのは楽しいけれど、激しいコースターではありません。

つまり。

「絶叫系のジェットコースターを楽しみたい」とおもって、この3マウンテンに乗ったところで、「えっ、これだけ？」とおもってしまう可能性がある、ということです。

少々、拍子抜けする（かもしれない）絶叫系コースターしか用意されていません。

このあたりが、ディズニーランドのうまいところだとおもうし、男子が攻略しないほうがいいとおもうポイントになります。

刺激に重点を置いていない。

つまり「急降下する。視覚的にとても怖い。激しく重力が掛かる。ものすごく揺れる」、そういうものをどれだけ極めても、命に別状がないかぎり、やはりどこかで慣れてしまいます。身体的反応には慣れる。いつかは慣れる。激しさのレベルを上げても、いつかは飽きられるということです。

でも、そこに物語がついていると（別の視点が与えられていると）怖さは長続きする。ディズニーランドではそこのところをうまくつくっているとおもいます。

ディズニーランドにあるアトラクションは、何かしらの物語を背負っています。バックグラウンドストーリーがある。何か気に掛かります。

激しさだけではなく、なぜか、また乗りたいとおもわせられる。

そのへんがうまい。

バックボーンの世界が、妙に気になる。乗りものとしてはめちゃくちゃ激しいわけではない。ふつうにちょっと速かったり、少し揺れたりするくらいのものです。

だから幅広い年齢の人が乗れます。

恐がりの人でも乗れるし、小学生なら低学年から乗れるし、年寄りでも乗れます。

そういうふうにつくってあります。

もし、一切のディズニーアニメを見たことがなく、バックボーンの世界に興味を抱くことがなく、ただひたすら乗りものとしてアトラクションに乗った場合、大半のアトラクションは「おもしろくないとは言わないが、そんな大喜びするレベルのものとはおもえない」という気分になってしまうとおもいます。それが、まったく興味がないのに初めてディズニーランドへやってきた男性（たとえば地方のお父さん）の感覚だとおもいます。

そして、その感覚は正しい。

ある切り換えがないと「ええ、ここにあるもの、おれにとっては、すべておもしろくないんだけど、どうすればいいんだ」ということになってしまいます。

それが、まったく興味がないのに来てしまったお父さんの悲哀です。

ひょっとしたら、デートでもそういう感想を持つ男性もいるかもしれない。

ここで大事にされているのは「身体的な快楽」より「物語性のある世界観」です。だから、世界観にさえ馴染《なじ》めば「ただ歩いてるだけで楽しいね」と言えるようになる。それがこの世界に馴染んでいる女性の思いです。

その世界観にどれぐらい近づけるかが、男性の問題でもあります。


バックグラウンドストーリーは用意されている。

でも、意味はない。

男性がなかなか馴染みにくいところです。

ついつい「これはどういう意味があるんだ」と言ってしまう男性の意見は、この空間ではほぼ無視されます。そんなこと聞かれても答えられないし、「意味を求めることじたいが、とても無意味だ」とみんな知っています。馴染みの人は知っているし、すべての女性はもともと知っていることです。


いちいち理由を聞かない。背景を探らない。

よくわからないものの理由をつきとめようとしない。

わからないものはわからないままに放置しておく。

これは、ランド内では、とても大事なことです(もちろんシーでも同じです)。

女性は生まれながらにして得意だとおもいます。

男性が、おもわせぶりなものの理由を求めたくなるのは、プライドと関係しているんでしょう。

この空間に馴染んでおらず、疎外感を感じると、自分が否定されたような気分になり、それはプライドにかかわり耐えられないので、まわりの世界を否定するために、その存在理由をあえてたずねたりします。無駄な抵抗です。やめましょう。

家族内でお父さんだけが浮いてしまうのは「意味を探って、賢そうに見せたがるから」です。デートで同じ轍《てつ》を踏まないでくださいまし。

「ディズニーランド(シーも)が混んでいても、何とかうまく切りぬけたい」と考えること、そして「ランド(シーも)にあるものの背景を探ってその意味を読み取ろうとすること」、ともに無駄な抵抗です(以下、「ランド」とあってもシーのことも含みます)。

どっちも「ディズニーランドという世界をそのまま受け入れるつもりはない。おれはおれ流のやりかたで対峙《たいじ》する」という宣言です。孤高な戦いですが、あっさり却下されます。相手にさえされません。

男性が、男性らしさを出して、自分のポジションを取ろうとしても、ディズニーランドには居場所がありません。

奇妙なプライドを捨てて、素直になるしかありません。

そこにある不思議なものをそのまま受け入れましょう。

受け入れるには、女性の行動を真似《まね》るのが一番ですね。

私はそうやって更生しました。

まさに更生でした。〝むかしはおれもやんちゃだったが、いまはまじめに（ディズニーランド&シーで）生きてますよ〟って感じです。

男性らしさをかなりうしろに押しやり、女性の方式を真似る。

すると。

ディズニーランドはめちゃくちゃ楽しいです。

攻略しようとしない。すいているときは、まあ、まわる順くらいは考えますけどね。

本気で攻略するわけではない。

いるだけで楽しい。その気持ちを同行女性と共有する。
それだけのことで、世界は変わります。とても楽しくなります。
そう考えればデートも成功します。

攻略も、蘊蓄《うんちく》も、不要。
どっちも「頭でっかち」だから。
ディズニーランド内のすべての男性に送る言葉はこれです。
ドント、シンク。フィール。
考えるな。感じろ。
ジェダイの教えです。ブルース・リーの教えでもあります。
プライドを捨てましょう。世界に馴染みましょう。
その境地に達すれば、デートもうまくいきます。
ディズニーに入れば、ディズニーの意志に従うのがいい。
ディズニーの意志は女性がよく理解しています。
男性は、自分独自の方法で行動してはいけません。
男としてがんばらない。

そこが大事です。

口に出して言ったほうがいいですね。

「攻略しようとしない。うまくたちまわろうとしない。自分たちだけのショートカットを探さない」

オッケー。

さて、そう心に決めて、ゆっくりと歩きましょう。

フォースとともにあれ。

第六章　挨《あい》拶《さつ》

ディズニーランドにはいろいろなお楽しみがあります。

たとえば「キャラクターグリーティング」。

ミッキーマウスとか、ミニーマウス、ドナルドダックや、ダッフィーなどと一緒に写真を撮るサービスです。30秒ほどハグしたりサインもらったり、キャラを独占できて、写真も撮ってもらえる。

アトラクションとは別の扱いになっていますが、でも、待ち時間が表示されているものも多く、そういう点ではアトラクションのようなものだと考えられます。ときには1時間や2時間並ぶこともあります。

キャラクターグリーティングは、ランドでもシーでもやっています。

どちらかと言うとシーのほうが熱心です。いろんなキャラクターと一緒に写真を撮りたいとおもったら、ランドではなくシーに行ったほうがいいです。

キャラクターグリーティングの意味が、私はいまだによくわかりません。むかしからわからず、いまも本質的にはわかっていない。

いや、いまとなってはディズニーランドですごす時間が長くなり、常にそういうものを見ているし、自分でも1時間くらい並んでミッキーに会ったり、ダッフィーに会ったりします（だいたい女子についてきてもらっています）。

だから、趣味嗜好《しこう》として、こういう遊びがあるのだな、こういうことをやっていても幸せな気分になれるのだな、ということはわかります。

他人事として、わかる。自分がやっていても他人事感がぬけませんが、わかります。

医者が患者の病気についてわかっているようにわかる。ガンの専門医が自分でガンを患《わずら》っているわけではないのに、でもガンについての病状をとても深く理解しているのと同じように、わかっているだけです。

内側から（心の底から）その存在に同意しているわけではない。もし、ディズニーランドとまったく関わらないおじさんの道を歩んでいたら、いまになってもまったく理解不能なまま、ひたすらぼんやりと眺めていただけでしょう。

何が楽しいのか、本当のところは、よくわからない。

それがキャラクターグリーティングに関する私の本音です。

男子の何割かは私と似たような気持ちではないか、と推察いたしております。すべての男子がそうだとはいわないが、幾人かの男子は同意してくれるんじゃないでしょうか（かなり少数派のような気がしますが）。

わからない、という根本のポイントは。

それは、身も蓋《ふた》もなく言えば、「それ、着ぐるみなんですけど」ということになる。

前章で、考えるな、受け入れろと提言しておきながら、まったくそれに反する言動となってしまいますが、ここは口には出すことはできないけれど、男子が心の底でおもっていることからお話を始めさせていただきます。

ミッキーもミニーも、着ぐるみです。

中に人が入っているよね、ということです。

それに、着ぐるみだから、表情はひとつです。さすがにディズニーの着ぐるみの質は高いから、表情がひとつでもとても楽しい気分にはなるのだけれど、でも永遠に表情は同じです。

かつて何かの事故があったとき、ミッキーマウスがシーの海に落ちたことがあったそうですが、ミッキーマウスは、あの、とても楽しい表情のまま、溺《おぼ》れそうになっていてばたばたともがいて、とてもシュールな状況だったようです。何かあっても表情が変えられないのが着ぐるみです。中の人の気持ちは反映されません。

着ぐるみのキャラクターは、正直なところ、あまり見慣れることができません。親近感が持てないし、親和性を感じられず、どうしても友だちになれそうにもない。ミッキーマウスもミニーマウスも、チップもデールも、その着ぐるみが出現すると、正直なところ、自分の持っている印象を言えば「怖い」ということになってしまいます。

大きさが変だということもあるし、バランスが変です。落ち着いて見ると、ぜったいに変だとおもいます。

たとえば、朝起きて、自分の部屋でミッキーマウスがこちらをのぞきこんでいたら、死ぬほど驚くとおもいます。私は驚きます。少し死ぬとおもう。

「やったー、ミッキーマウスだあ」とは絶対に言わないでしょう。

小さい子にとっても、初見であれば、かなり怖い存在だとおもう。背が小さいと、怖さは切実です。自分より巨大な生物で、表情は固まっていて、頭と手足のバランスがおそろしく悪く、しかも喋《しゃべ》らない。そんなのと一対一で会ったら、めちゃくちゃ怖いです。隣で母なり姉なりが、かわいー、ミッキー、なんて叫んでいてくれれば平静は保てますが、もし万一、ふたりきりで対面することになったら、怖くて泣き出すでしょう。

女子と同行して、一緒にいる子が「ミッキーだ。かわいー！」と叫んでくれることによって、自分を鼓舞して、私も手を振り足を振り、ミッキー！　と叫んで、握手するところまではこぎつけられるわけです。

いま、自分で文章にするまで本当に気づいていなかったのですが、私はミッキーマウスがどっか怖いんですね。気づかないほうがよかったけれど、でも気がついてしまいました。世の中、私と似たような感覚の人が、何割かはいるはずですね。どうしてるんだろう。

私は一緒に騒ぐ女子によって、何とかしています。

グリーティングが楽しいとおもえるのは、やはり同行女子が「かわいー」と叫んでくれるからです。

自分で着ぐるみを見て、かわいい、と叫ぶことはできない。そういう能力は私にはない。

でも、一緒にいる人が、かわいいと言ってくれれば、そうだ、かわいいのだ、と追認することはできる。追認することしかできない。

問題は、この「かわいい」を自分の力で見つけられないところにありますね。

私と世界の差です。おそらく、男と女の差なのでしょう。

着ぐるみのミッキーを見て、かわいい、とおもえるのは、女子独特の能力だとおもいます。

おそらく「着ぐるみを平面として見ている」からではないでしょうか。

あくまで仮説ですが、男子は着ぐるみミッキーを「立体的に」見てしまう。だから（私は）怖いのです。でも、あれを平面的な存在だとおもって見れば（もともと二次元世界の出身ですから）、たぶん、怖くはないですね。

男と女には、この「目の問題」があるような気がします。

「同じものを見ていても、まったく違うように見える」ということです。それが個体差ではなく「男と女の差」として出ているようにおもいます。それは空間把握能力の差にもなるのでしょう。

その目の違いが、ディズニーランドでも顕著に現れる、ということでしょう。

着ぐるみを「かわいい」と見るのは、女子ならではの見方のようにおもえます。仲間になりたい存在として、かわいいとおもえるのでしょう。敵対していないものはすべて「かわいい」と言っていいのが21世紀の日本語なので、かわいい、で間違いありません。

「女子は『かわいい』と言いたいためにディズニーランドへやって来ている」

という傾向があります。

「かわいい」を軸に、男と女には決定的な距離があります。

「かわいい」は次章で考えます。

もうひとつ、挨拶《あいさつ》について。

グリーティングのもともとの意味は「挨拶」です。キャラクターグリーティングは、キャラクターに会って、つまりミッキーやミニーに直接会って、挨拶をする、ということです。

挨拶は大事です。

特にディズニー内での挨拶は大事です。

あらゆるキャストは挨拶をしてくれます。

挨拶に関しても、男女にずいぶんと差があるようにおもえます。

ディズニーランド&シーの飲食店には特徴があります。

世の中のふつうの飲食店（お店）に入ると「いらっしゃいませ」と言われます。

でも、ディズニーの飲食店はまず「こんにちは」と挨拶してくれます。

ホットドッグを買おうとして、カウンターの前にいくと、お姉さんはまず「こんにちは」と言ってくれます。いらっしゃいませ、でも、何にいたしますか、でもなく、まず、こんにちは、です。

これがふつうの飲食店と、ディズニーランド&シー内の飲食店の違いです。

こんにちは、とお姉さんに言われたら。

そうです、大事なのはまず「こんにちは」と答えることです。

女子は、こんにちはと、答える子が多いです。

でも、ホットドッグが食べたい食べたいと、それだけで頭がいっぱいになっている男子は、お姉さんが「こんにちは」と言っても「ホットドッグセットふたつ!」といきなり叫んでいます。

こんにちは、はどうした。

忘れていますね。

いけません。


世の中の困ったことのひとつに「おじさんは、あまり挨拶をしない」ということがあります。駅のみどりの窓口やら、新幹線の中やら、映画館やら、レストランやら、居酒屋やらバーやら、何やら、人がけっこう集まって待っていたりするところで見ていると、どうもおじさんは挨拶をしない傾向にあるとおもいます。

もちろん、きちんと挨拶をするおじさんも一定数います。でもそれは「紳士」という扱いを受ける枠になっています。礼儀正しいおじさん、という別枠が設けられて「紳士」と呼ばれています。

ということは、それはとりもなおさず「紳士ではないふつうのおじさんは、あまり挨拶をしない」ということを意味します。

ほんと、しないよねえ。

おばさんは、うるさいし、勝手だし、予測不能な動きをするので、たしかにあれはあれで目立つ存在で、ときには困らされることもありますが、自分勝手なだけであって、おばさんは基本、平和なので、挨拶はします。おばさんは挨拶してくれます。うるさいだけで挨拶はしてくれます。

でも、おじさんは、あまり挨拶をしない。世界の大きな問題のひとつだとおもいます。政治的な問題だとおもったほうがいいでしょう。

挨拶は、声を出さないと挨拶になりません。

追い詰められたときの野球の守備陣と同じです。

「声出していこー！」

声を出さないといけません。

声に出して、きちんと返事することからすべてが始まります。

サービスをしてもらったら、お金を払っていようがいまいが、ありがとう、と言いましょう。

他人《ひと》が自分のために動いてくれたら、とにかく、ありがとうと言う。これは、守っていきましょう。声を出していきましょう。ツーアウッ、ツーアウッ。アウトカウントも常に声に出していきましょうね。何アウトかわからなくなるから。

おじさんは、立場が上になると挨拶しなくなります。相対的に地位があがって、目下の人が多くなると、とたんに挨拶しなくなるのです。

とても困った存在です。いつか、その報いを受けることでしょう。

また、困ったことに、若い男にもきちんと挨拶をしない子がいます。「挨拶をしないおじさん予備軍」という感じです。

女子のほうがよく挨拶をする。

挨拶には、男女差があるとおもいます。

若い男子は、まわりと仲良くなっていくことよりも、目標に向かって、自分個人のタスク（仕事）をこなしていくほうが大事でえらいことだ、と考える傾向が強いとおもいます。

きちんと勉強しているんだから、きちんと仕事をやっているんだから、それさえ果たせば、あとのことは、少々ないがしろにしてもいいでしょう、という考えです。

人生、ずっと受験勉強感覚です。

だめですね。ほんと、心の底からだめだとおもいます。

挨拶できない子はだめです。人が人として生きていくためには、挨拶が基本です。男子は、うまく教育されないと、挨拶しないでやり過ごそうという傾向が出てきます。親にもかなり責任があるとおもいます。

女子の場合、男子とくらべて、まわりとよい関係を築いていこうとする傾向が強い。とりあえず表面上だけでもいいから仲良くしようとする。そういう「人間として基本的なこと」がわかっていますし、そういう教育もされている。「表面上、仲良くする」というのが大事です。それは挨拶から始まります。とりあえず仲良くする。それで世界の平和は何とか維持できます。

ところが。

男子は「表面上だけ仲良くて、何の意味があるんだ」と考えています。

嗚呼《ああ》。

詠嘆するところです。表面上だけ仲良くして何の意味があるのだ。男子のセリフです。たぶん夫婦間でそういう言葉が飛び交っているような気がします。

しかも、言うだけじゃなくて、ほんとにそう信じていたりする。

表面上のつきあいではなく、もっと真のつきあいをしないといけない。真のつきあいができるやつこそが友だちだ。

まじにそう言っていたりします。そして老人たちの施設で孤立していくばかりです。

まちがってますからね。

表面上だけ仲が良い、ということが大事です。

それ以上に大事なことがないくらい大事です。

もちろん、心の底から信じ合った友がいるのは、それはそれでいいです。

でも、それ以外に、心の底からはべつだん信じ合っていないけど、ごくごくふつうにつきあえる知り合いをたくさん持つことが、もっと遥かに大事です。そのレベルの友人を多く持っている人ほど、まっとうな人生を歩んでいるとおもいます。「紳士」には表面上の知り合いがとてもたくさんいるものです。


表面上、仲良くするのは、女性が得意です。ほとんど独壇場《どくだんじょう》と言っていいくらい、女性が得意ですね。

男子はまず不得意です。

だから、挨拶やお喋りでは、男子は女子を真似《まね》たほうがいい。

ディズニーデートで、とても大事なポイントです。

効率よくディズニー内をまわる男子より、スタッフの挨拶にすべてきちんと答える男子のほうが、ぜったい圧倒的にもてます。女子受けがいいです。保証します。

ゆるく友好的な関係を求められたなら、それに応《こた》えよう、というだけの話です。

ランド内ではずっと挨拶をしつづけましょう。

第七章

女子は「かわいい」と言いたいためにディズニーに来ている

ディズニーランド&シーでは、すべてのものに「かわいい」と言っていいことになっています。

何を見てもかわいいと言って、まあ、まちがいないでしょう。ホーンテッドマンションのお化けたちだって、じゅうぶんにかわいいです。入口のゲートも、手すりも、草花も、建物の屋根も、スタッフの衣装も、すべてかわいい。何だってかわいいです。かわいい全開ワールドです。

実際に女子大生を連れていくと、だいたい二人連れて行くことが多いんですが、そうするとどっちか一人が、ずっと「かわいい！」を連発しています（もう一人は合いの手でかわいいを言う役割になります）。いったん、かわいい、と言い出すと、どうも止まらないみたいです。何がかわいいのか、と聞くと、いちいち説明してくれますが、とにかくかわいいらしい。ディズニーランド&シー内では、おもいきり存分に「かわいい」が言えて、とても楽しそうです。

これがディズニーランド&シーの強い女子力のひとつです。ランド&シーは、その「おもいきりかわいいと連呼しつづけられる世界である」というポイントにおいて、女子の圧倒的な支持を得ています。

新宿駅やその周辺でも、池袋駅やそのまわりにも「かわいい」ものはあります。でもそのへんを女子大生と一緒に歩いていても、あまりかわいいを連発しません。新宿駅周辺で、アルタがかわいい、ビックカメラかわいい、ABCマート可愛い、高野かわいい、中村屋すごくかわいー、紀伊國屋書店うけるー、と叫ばれたら、この娘《こ》、大丈夫か、とおもってしまいます。新宿や池袋は手強《てごわ》いです。

でも、ディズニーランド&シー内はそれができます。そういうある種の異様な行動も受け入れてもらえます。

女子は、意外なところから「かわいい」を見つけてきます。

ホットドッグを包んでいる紙が「かわいい」だし、ホーンテッドマンションのスタッフの女性が髪につけているものが「かわいい」らしい。言われればそうかとおもいますが、こっちは、そういうものを発見する「目」を持っていないので、いちいち感心してしまいます。

女子には、すかさず「かわいい」を見つけ出す力があります。見つけてきて、かわいいと認定して、世界に安寧をもたらしてくれています。連れの女子にかわいい、と言われて、すごくかわいいとおもうこともあれば、そうでもないこともあるのですが、彼女たちが、かわいいものを発見したといって、とても嬉《うれ》しそうなのを見ると、楽しくなってきます。

ランド&シーは、つねに新しいかわいいを発見できる場所であり、それを連呼しつづけても誰も止めない場所であり、つまり「かわいいの宝箱」なのです。

この一点だけで、ディズニーランド&シーは、女子に永遠に愛されそうです。

そもそも「かわいい」とは何でしょう。

ディズニーにおける男女差を考えるときには、とても大きなポイントになるとおもいますので、ここで「かわいい」について、しっかりと考えておきます。そのうち、きゃわいい論で新書一冊書きたいです。かわいい論考。

かわいい、は、古来からある言葉です。

おもに小さくて可憐《かれん》なもの、発言者が守りたいとおもうような対象に使われてきました。

私が子供のころ、西暦でいうと１９６０年代が子供の時代ですが、この時代までは、日本人全体の了解事項として、その使われ方をしていたとおもいます。いまのような意味では「かわいい」は使われていませんでした。わかりやすい例でいえば「あのおじさん、かわいいよね」という日本語は、１９６０年代には存在しませんでした。おじさんは、小さくもないし、可憐でもないし、そもそも守りたくもありません（場合によりますが）。だから１９６０年代の日本には「かわいいおじさん」はいませんでした。また、あの時代は、かなり男性の文化と女性の文化が区別されていて、そういう「かわいい」という尺度が男性社会に入ってくる余地はありませんでした（考えてみれば、オネエとか、ニューハーフとか、そういう存在もあのころは完全に日陰のものでした。彼女たちが認知されたことと、かわいいの伸張は、リンクしているようにおもいます）。

それが途中から変わってきます。

１９７０年に私は中学1年生になって、中学、高校、浪人、大学と１９７０年代を過ごすのですが、このころにすこし変化が出始めました。かわいいという言葉がこちらに向かってきはじめました。同年代の女子が、男子に向かって、なにかと「かわいい」と言うようになったのです。「むきになるところが、かわいいね」と言われると、よけいにむきになったものです。いやあ、なんで女子は「むきになると、かわいい」と言うのでしょう。まあ、言います。おそらく、自分に向かってきた荒ぶったものを、うまくかわす一流の戦術だったのでしょう。いつも簡単にひねられていました。

かわいいと言われると、10代の少年としては、なんか、馬鹿《ばか》にされている感じがしました。

母親が子供に向かって使うようなニュアンスがあったからでしょう。使うほう（同年代の女子ですね）がおとなの立場に立ち、使われるほう、つまり男子のほうが、子供の側に立たされているように感じられました。かわいいは3歳くらいの子供に向かって使う言葉なのに、16歳のおれに向かって使うんじゃないよ、まちがってるよ、とおもっていました。真面目《まじめ》な気分で、注意している感じです。たしかに、むきになっていると、かわいいと言われる要素はありますな。いまならわかる。

20代後半のころ、「かわいい」について、年下の男たちと話したことがありました。1985年のことで、私は27歳、話し相手は22歳あたりだったとおもいます。

私はそのとき「〝かわいい〟という言葉は、小さく可憐なものに限定して使うべきだ」と主張しました。いまの若い女性たちの語法は間違っている、という立場ですね。しかし若者たちに、その考えは古いのではないですか、と指摘されました。女子の、あらゆるものにかわいいを使う語法にも共感できる、と言ったのです。私は最後まで納得しませんでした。

１９８５年当時、すでにいまの「かわいい」と同じニュアンスで使われだしていたのだけれど、上の世代はそれを認めようとしてはいなかった、つまり広く認知されたわけではなかった、ということです。

おもいだしついでに書くと、１９８５年当時、女子高校生がやたらと「チョー」という接頭語を使っていて、「チョーかわいい」という言葉を連発していました。そんな言葉をいまどきの若い子は使うのかと、しきりに感心したのをおぼえています。

両者はリンクしています。女子高生の文化に、社会が反応しはじめた、ということです。

あらゆるものに「かわいい」をあてはめる動きは、おそらく、１９７０年代からすでに一部では始まっていて、１９８０年代に若者のあいだに広まったということなのでしょう。

「クリスマスはいつからカップルで過ごすようになったのか」という経緯とも似ています。

１９７０年代ころから、女子たちはしきりにクリスマスをロマンチックなものにしようとしていたのだけれど、そのころはまだ水面下の動きで、やっと１９８０年代に入って本格的にカップルの日となりはじめた、という経緯です。

かわいい、も、クリスマスをロマンチックに、も、どちらも女子発信の文化です。「おじさん、かわいい」「部長、かわいい」と使われるようになり、それを女性がしきりに広めていったのが、１９８０年代だった。日本のすみずみまで行き渡ったのはその少しあと、つまり１９９０年代なのだとおもいます。

「おじさん、かわいい」という日本語は、１９７０年代に用意され、１９８０年代に広められ、１９９０年代に定着した、ということです。

いまの「かわいい」はそうやって定着しました。

日本語の歴史から見れば、さほど長い歴史があるわけではありません。しかし、いまの10代からみれば、十分、長い歴史でしょう。

この新しい「かわいい」は、力をつけて、日本に広がりました。

「かわいい」は女子が発信する新しい世界の見方だったのです。男子中心文化に、風穴をあけるのにとても有効なワードでした。

男社会において、男が評価されるポイントは「かっこよさ」です。

たとえば、小学生のときであれば、足が速いとか、勉強ができるとか、人前できちんと喋《しゃべ》れるとか、そういうポイントです。そういう男子がかっこいい。

年を取るにつれて、その評価ポイントは変わってきますが（大学生になったらべつだん足の速い子だけがもてるわけではなくなってくる）、でもその評価概念は同じです。集団内で、もっとも目立ってトップにいれば、かっこいい、とおもわれます。その思考法は、小学生のときの「足の速い子がかっこよくてもてる（足が速くないから、どうせおれはもてない）」のまま、まったく変わりません。おそらく、一生変えていないとおもいます。男子は。

やはり、男子は馬鹿ですね。しかたない。

「足が速い」は、やがて「勉強ができる」「仲間をまとめられる」「仕事ができる」というふうにお題目だけが変わり、同じようなグループ形成をするモチーフになります。

トップが決まっても、その下のランク、その先の細かいランクを決める作業がおこなわれ、男子社会のヒエラルキーが決められていきます。男子は無言でそれを受け入れ、その序列内で動きます。序列があることと、その序列を守ることは、疑うべくもない前提として存在しています。

一種のゲームにすぎないのですが、社会を形作っているのは、このゲームそのものなので、たかがゲームというわけにはいきません。クラスの代表を決めるところ、会社の役員を選ぶシステム、国を動かす代表を決めるとき、同じゲームがおこなわれます。党の代表や、総理大臣や大統領を決めるのは、クラスの中で誰が一番かっこいいのかを認識したのと同じ感覚でおこなわれています。

たかがゲームではありますが、ときに人生そのものがかかったゲームになっています。

「力のある者が勝つ」というゲームです。

かっこいい者がトップになり、また、トップになった勝者はかっこいい、それが基本になっています。

みんな、かっこいい人になりたい。

かっこいい人は、総取りできる、と信じている。

勝ったやつ、かっこいいやつが、もてる。そう信じています。勝ったやつが、女を総取りできる、とおもっています。本気でおもっています。そんなことはありえないのですが、でも、その考えから逃れるのはむずかしい。実際にもててみないと、わからないらない。もてない男は「男から見ておれはかっこよくないから、女にもてないのだ」という思考から逃れられません。

でも、ここには「男子の視点」しかありません。

もてたい対象（主体）そのものである女子の考えはまったく反映されていません。

女子は、べつだん「トップに立つかっこいい男」だけを好きになるわけではありません。

男から見たら、え、なんであいつ、という男性に惹《ひ》かれたりします。女子は、マッチョなヒエラルキーとは別の視点から、男子を評価します。

これは逆もまた真です。

つまり、女性は、女性からみた女性の素敵さに憧《あこが》れ、そういう女性になろうとします。男子の思惑とは別に、です。わかりやすいところでいえば「細い女性がいい」という考えです。ファッションショーのモデルさんは、たしかに眺めるだけなので、細いほうがいいでしょうが、日常身近にいる女子が細いのが絶対いい、とは男子は考えていません。そういう男子もいるでしょうが、同じ割合で、太っているほうがいい、と考えている男子もいます。おそらくほぼ同じ割合です（私のまわりでは、太いほう支持のほうが多いですが）。

でも、女子は、女子同士の評価のとき、だいたい細いほうが勝ち、としています。だから、そのまま自分も細くなろうとします。モデルさんをめざしているならともかく、「男子にもてるため」にはその努力はあまり意味がないようにおもいます。細くなると女子から圧倒的に評価されるが、男子からの評価はさほどではないでしょう（数kg減の想定です。30kg瘦《や》せたのなら話は違います）。偉くなったら絶対もてると信じている男子との裏表です。

「運動ができる男子のほうがもてる、背の高い男子のほうがもてる、集団のトップのほうがもてる」というのは、男子社会における男子の願望です。男は運動ができて、背が高くて、集団のトップに立って、他のオスを圧倒したいのです。女子は、その視点だけで男子をランクづけしません。

いっぽう「細い女子になりたい」というのは女子の願望です。その視点で女子をランクづけする男子に、実際に出会ったことが私はほとんどありません。

同性の中での評価を、異性に投影しているにすぎません。同性内ヒエラルキーで上に立ちたいという願望と異性への「もて」が混同されています。その混同に気がつき異性の視点がわかった者から、この同性監視サークルを脱け出して、ひそかに「もて」の世界へ入っていきます。早い子は10代前半で気づいています。

残された者たちは、「他の同性を圧倒したい願望」と「異性にもてる力」の差に気づかないまま、同性内サークルを徘徊《はいかい》しているばかりです。


かわいい、の話です。

女子は、マッチョなヒエラルキーとは別の視点から、男子を評価します。その独自のポイントすべてが「かわいい」という言葉に置き換えられます。

男子が作る〝力ある者が上に立つ〟という一種の暴力的な社会構成を、「かわいい」は一挙に無力化してくれる、というお話です。また、無力化しないと、女性の発言権が増えない、ということでもあります。


誰が速いか、誰が強いか、誰が偉いのか。

そういう「男子にとってわかりやすい序列」を、「かわいい」の視点で眺めてみると、何の意味ももちません。中国共産党幹部はナンバー1から序列がついていますが、女性のかわいい視点で見直したら、まったく違う風景が見えてきます。

かわいい視点のすごさは、意見がまとまらないところにあります。

かわいいは個人の感覚です。

「私にとって、かわいいのは、誰か」

それが「かわいいもの好き女子」の行動規範となります。

母親の論理として、とても正しい。わが子がいちばんかわいい。それです。

「かわいい」がその力を強く発揮するのは、その指す方向が、全方位に向かっているからでしょう。

女子が言う「かわいい」はあまりにいろんな方向に向かっていて、隣で聞いていても、ときに何を指すのかわからないくらいです。

「かわいい」はてんでばらばらに、好き勝手に言われます。

それが「かわいい」の本領です。

男子にとっての「かっこいい」は、かなり意見統一されます。同じ方向を指しがちです。

ところが女子が「かわいい」という対象は、とほうもなく広い。そんなところまで拾うのかというところまでやってきて、かわいい、と指摘してくれます。

かっこいい（男子の認める価値）は、他人の同意が必要ですが、かわいいには、同意は必要ありません。

誰か一人が「あれ、かわいい」と言えば、それで「かわいい」は認定されます。べつだん、他の人はかわいいとおもわなくてもかまいません。

「あれはかっこよくないよ」という否定形は存在しますが、「それはかわいくない」という否定はありません。少なくとも、かわいいとおもった人のかわいい心を否定することはできません。かわいい世界の否定は「ほんと、それかわいいね。でも、こっちもすごくかわいくない？」です。

「かわいい」は、ひとつの新しい視点の提案です。

何だって、かわいい、と言えます。

親しみを感じたものには、何でもかわいらしさを見つけることができます。親しさを感じて、自分の気持ちを少し和ませてくれたなら、すぐに「かわいい！」と声に出して言っていいわけです。

「かわいい」は、相手より優位に立とうとしません。

また優位に立った者だけを認めるわけではありません。

自分がかわいいとおもって「かわいい！」と発言した瞬間に、新しい「かわいい」は誕生します。


だからこそ、かわいいは、男性序列を無力化します。

しかも、褒める形で、その力を抜いていきます。おそらく古来、政治の場面などでも女性が担ってきた役割そのものでしょう。

かわいい、は、個人の感覚を解放する手段であり、また、男性社会の序列を無力化する方法でもあります。


「かわいい」は「かっこいい」と重なりません。一部、重なることもありますが、でも、重ならないことが多いでしょう。チップ&デールはあまりかっこいいとは言われません。でも、かわいいとは言われます（個人の感想です）。

「かわいい」は、基本、好意を持っているものに対して、使われます。

「かわいい」かどうかで見分けることによって、世界を新しく見ることができます。

ただ、日常生活において、いつも「かわいい」だけを言い続けるわけにはいきません。仕事のおり、パソコンにデータを打ち込みつつ繰り返し「かわいい」と言ったり、数学の授業中に数式を見てずっと「かわいい」と言ったり、野球の試合の最中にバッターボックスに入って1球ごとに「かわいい」と言ったりする人は、あまり信用されません。

かわいいは、あくまで個人の感情の表出です。いま、きみの意見を言わないでもらいたい、という空気のなかで、そういう発言はできません。かわいいもの好きの女性たちも、仕事のときは、あまりかわいいと連呼することなく、やるべきことに立ち向かっています。

だからこそ、ディズニーランド&シーの「かわいい」が大事なのです。

ここでは心の底から安心して、すべてのものを「かわいい」と言っていいわけです。ここまで徹底して、そういう空気を出している空間は、世界にあまり類がありません。

「かわいい」と「ディズニー精神」は通底しているのです。

ウォルト・ディズニーが徹底して考えた「子供を中心とした家族が楽しめる空間」は、「かわいいものを見つけて愛《め》でる精神」とつながっていたのでしょう。細かい部分まで徹底して楽しめるものにしよう、という精神は、すべての細部を「かわいい」と言ってしまうニッポンの女子精神となぜかつながっていたようです。

ディズニーランド&シー内で、ずっとかわいいと言い続けているのは、心が解放されているからです。ここは、かわいい心をすべて解き放ってもいいところだ、と日常の「非かわいい空間」から出て来た女性たちはおもっているわけです。この世界のゲートをくぐれば、もう、かわいいとおもったものをすべてかわいいと叫んでいいのです。まさに女性のためのかわいい解放空間なのです。

ディズニー世界では「かわいい」を連呼してもかまいません。

ただし、デートのときは気をつけましょう。

女子がかわいいを連呼しているとき、同行男子は、表面上はともかく、全面同意していることはまずありません。だいたいは理解しますが、いくつかは、よくわかりません。そしていくつかは、それは無理があるだろう、とおもっています。もちろん、かわいいの否定は無理なので、にこにこうなずいてますが、よくわかっていません。〝何でもかんでも「かわいい」って言うんだよなあ、おれの彼女〟と、次の日に男友だちに言おうとおもって、黙ってみています。つまり、楽しそうでいいなとはおもっていますが、ときに、ややあきれていることがある、ということです。

だから、かわいいの連呼は見逃していますが、そのすべてに同意を求められると、男子はどんどん疲弊していきます。あ、これかわいい、あ、あれもかわいい、と声に出すのはいいですが、同意を求めるのは3回に1回くらいにしてもらえないでしょうか。スルーはできますが、すべてに同意を求められると、どこかで「何でもかわいいって言うね」と、少しつっかかってしまいそうですから。

また、男子は「女子は〝かわいい〟と言いたいためにディズニーランド&シーに来ている」と、あらためて覚悟しておいたほうがいいです。男子側の想像をはるかに超えたパワーで、かわいい心が全開になっていますので、「かわいい」連呼ビームをたくさん浴びる覚悟をしておきましょう。

ディズニーランドへ、女子は「かわいい」を見つけたくて来ています。それがとても大事なポイントです。

そして、彼女たちには、「かわいい」を連呼しなければいけない事情があるのです。その事情を深く知る必要はありません。ただ「何でもかわいいって言うよなあ」とだけは言ってはなりません。かわいいが連射されたら、男子は必ず同じ方向を見るようにしてください。かわいい弾の前に立ちはだかってはいけません。倒されてしまいます。

第八章　王子さまの運命

ディズニーランド&シーは、「ディズニーアニメ世界」を追体験するために作られた遊園地です。

とくに「ディズニーヒロイン気分」の追体験に重きをおいています。

(以下、この章ではアニメのネタバレがあるのでご注意ください)。

ディズニーヒロインは、最後、幸せになります。

それが基本です。

最初は、あまり幸せではありません。

白雪姫も、シンデレラも、オーロラ姫も、アリエルも、ベルも、ジャスミンも、ラプンツェルも、エルサもあまり幸せではありません(度合いが違いますけど……ラプンツェルがいっとう可哀想《かわいそう》な気がします)。

でも、彼女たちは、夢を持っています。夢が叶《かな》うようにいつも願っています。

それがすべてです。願うと叶います。

「あまり幸せではない。でも夢を持ち、叶うように願っている」

↓

「いろいろありまして」

↓

「最後は幸せになりました」

これがディズニーヒロインの物語です。

肝心のところが「いろいろありまして」とかなり雑な説明になっていますが、そうとしか言いようがありません。また、そこがアニメのお楽しみ部分だし、作る人の腕の見せどころとなっています。

まったく同じパターンでは80年間人気を保てるわけはないので（２０１７年で第一作『白雪姫』公開80年となります）、最初の〝幸せではないレベル〟を変えたり、最後の〝幸せパターン〟を変えたりしていますが、基本はこの型です。

ハッピーエンドの基本形は「王子さまと結婚して、幸せに暮らしましたとさ」となります。

白雪姫(1937年)とシンデレラ(1950年)、オーロラ姫(『眠れる森の美女』1959年のヒロイン)、アリエル(『リトル・マーメイド』1989年のヒロイン)、ベル(『美女と野獣』1991年のヒロイン)まではこの型です(『アラジン』1992年のジャスミン以降にそのパターンが変わります。これはこれで興味深い変化なのですが、その話はまた別のところで)。

これを逆から読んで、教訓じみたふうに語るなら「夢を持ち、それが叶うように願いなさい、そうすれば幸せになれます」ということになります。しかし、ディズニーはそんな教訓じみたことを教えていません(ときに、そういうふうに語られますが、それはあまり重要なことではありません)。

本来のポイントは、まじめに暮らしていたら王子さまと恋に落ちて結婚しました、という〝留保のない全面的な受け入れ〟にあります。大事なのは〝受け入れられること〟ただ一点です。べつだん、まじめさも、夢も、願いも、王子さまも、恋も、そして結婚さえも、さして重要な要素ではありません。それらは枝葉末節です。

ヒロインたちのドラマの本質は「私が純粋な心を忘れずに生きていたら、すべてを受け入れてくれる人があらわれ、幸せになれた」というところにあります。そういう幸せをつかんだ女性がいる、その話を聞かせてもらう、というところに人気がありま す。

ひたすらすべてを肯定され、幸せになる。それがディズニーのヒロインです。途中、いろいろありますが、そこは流れに乗って切りぬけて、幸せになります。そういう物語です。

ディズニーランドは(特にその中核部分のファンタジーランドは)、〝幸せになったヒロインの追体験をする〟場所です。

みんな、やがて幸せになるとわかっている人の苦労時代の話を聞くのが好きです。ただの苦労が聞きたいわけではないし、努力を聞きたいわけでもありません。人類が好むのは「運のいい人の話」です。善良で、そしてラッキーな人の話をとても望んでいます。

ただ、どういうふうに楽しむのか、というポイントが男と女では違います。

男性が好きなのは「なぜ成功したか」という理由です。この場合は幸せになったその理由、それを知りたがります。無意識のうちに、自分も成功するには、この物語から何を学べばいいのかを探っています。同じルートを自分が通ることはないので、そのエッセンスを抽出して、ゴールへたどりつく方法を学ぼうとします。男にとって大事なのは、成功するという結果にあります。

女性は「幸せになったその状態」を自分のものとして感じたがります。幸せになれた理由なんかどうでもいいと考えています（実際に理由はありません）。プリンセスが幸せになっていく過程を、そのまま自分でもなぞっていくのが好きです。共有したがるし、過程に重きを置く、ということです。少女は自分をヒロインに重ねて、いつか私も同じようなルートを通って幸せになりたい、と夢見ています。

ディズニーランドは、女性側の考えに沿って、展開されています。ヒロインの心情にきちんと沿った物語が開示されているのです。

ディズニーランドの中核部分は、女性向けに（厳密に言うならヒロインのように幸せになりたいと夢見る人たち向けに）作られています。

〝幸せになった人の物語を共有しよう〟というのが、ディズニーランドが作られた大きなコンセプトのひとつです。

じつはもうひとつ、少年向けに〝胸躍る冒険をしよう〟というものもあり、アドベンチャーランドやウエスタンランドはそういうコンセプトで作られたのですが、その思想そのものがあまり関心を持たれなくなってしまいました。アメリカは西部エリアを開拓しなくなったし（もう敵がいません）、アジア＆アフリカの未開エリアに探険に行く人がいなくなったからだとおもいます。

少女の夢は永遠です。こちらを基本にしたほうが商売は長続きします。シンデレラ城を（ところによっては眠れる森の美女の城を）シンボルとして中心に据えている時点で、ウォルト・ディズニーはそのことをよく承知していた、ということでしょう（ともにヒロインが〝遠くから憧《あこが》れを込めて眺める城〟として存在していました）。

白雪姫やシンデレラ、オーロラ姫にベルにアリエルたちのように幸せになった人の幸福感を味わうには、男性的な視点では楽しめません。男性的視点で作ると、成功したというゴールを中心にして、何が起こったのかをわかりやすく時間軸に沿って展示する、というものになってしまうでしょう。男性は、それを見て安心するでしょうが、女性はべつに楽しくありません。女性は、白雪姫と同じ幸せを味わいたいとおもっているだけです。

物語を反芻《はんすう》すれば、味わえます。

ストーリーを知っているお話をもういちど楽しむときに、最初から物語どおりに読み返す必要はありません。もっとも怖かった部分や、もっともどきどきする部分、もっとも美しいとおもったシーン、もっとも悲しい気分になったところ、それぞれのそのときの気分が味わえればいいのです。それが女性の追体験のしかたです。

そういういろんな部分が、まさに〝おもちゃ箱をひっくり返したように〟ばらっと身のまわりに置かれていれば、とても幸せに感じられます。整然としている世界は、わかりやすくはあるけど、べつだん楽しくはありません。女性の望んでいるのは、楽しいものに囲まれた混沌《こんとん》とした状況だとおもいます。

女性は、男性に比べて、身のまわりを綺麗《きれい》にして清潔にしようという傾向は強いとおもいますが、世界そのものを整然と整えたいとはあまり考えていないのではないでしょうか。身のまわりを小綺麗にはするけれど、部屋をきちんと整理整頓《せいとん》したいわけではないでしょう。ぴしっと整頓された世界が好きなのは、男性のほうだとおもいます。整頓された世界が好きなくせに、自分では整頓したがらない、というのが男性の問題なのだとおもいます。大きな問題ですね。

幸せ風景が脈絡なくちりばめられている世界を女性は好みますが、男性はおそらくそれを見てもあまり意味がわかりません。全体像をつかもうとして、それぞれの意味づけを始めたりします。世界のどのポジションに自分がいればいいか、判断しにくいからです。そうしないと、上下のヒエラルキーを重視する男性からすると、間違ったポジションを取ることは致命傷になりかねません。だから、世界の全体像をまず把握したがります。

女性は、自分の身のまわりが安全なら、その周辺が混沌としていようと、気にしません。動物としてとても正しい気がしますが(たぶん正しいのでしょう)、その世界のとらえかたを、ディズニーランドはうまく掬《すく》い取っているとおもいます。

ディズニーランドは「幸せになった人の幸福を一望できる世界」をめざしています。この場合、実際に見えるというよりも「あちらにもこちらにもその幸せのプロセスが感じられる」ということが大事にされています。言い方を換えるなら、それは「どこを見てもかわいい」ということです。かわいいを自力で発見できない男性は、その世界を心から楽しめるわけではありません。

アドベンチャーランドとウエスタンランドとトゥモローランドは冒険がモチーフな

んだから、だったら、すべて〝かっこいいものだけにして、かわいいはまったく存在させない〟としてくれていれば少年の居場所はあるんですが、もう、だめですね。アドベンチャーランドのサルたち（キング・ルーイと仲間たち）はかわいいし、ウエスタンランドのカントリーベアもウッディもジェシーもとてもかわいいし、宇宙に飛び出すトゥモローランドにいたっては、バズ・ライトイヤーもサリーもマイクもスティッチもかわいさしか見つけられません。冒険少年の場所がありません。

ディズニーランドのテーマは、夢は叶う、ということになっています。教訓的に言えば、夢を持ちなさい、そして願いなさい、そうすれば、いつかきっと叶います、ということになります。

ただ、勉強しなさいとか、修業しなさいとかとちがって、夢を持ちなさいは、さほどむずかしいことではありません。おそらく多くの人は夢を持っているはずです。気がついていないかもしれないし、言葉にしていないかもしれないけれど、持っているものです。だから、おそらくディズニーが本当に言いたいことは「あなたはほんとうは夢を持っているでしょう、それを思い出してください。言葉にしてください」ということなのです。

そして、それが叶うようにお願いしてみましょう、と言っているまでです。努力しなさい、などとは言っていません。思い出して、願うだけ。それで幸せになれる。

つまり、あなたは、あなたのままでいいのです。心の持ちようを少し変えるだけで、あなたは幸せになれます、と教えてくれています。たしかに真実に近い教えのようにおもえます。

あなたは、あなたのままでいれば、そのままで幸せになれる。

まあ宗教のようなものですね。

人はあるがままで幸せである。生きているだけで幸せになれる。

留保なく、条件もなく、ただただ、あなたの存在を受け入れてくれる。それがディズニーアニメ世界であり、ディズニー精神であり、ディズニーランドの底に流れる強いメッセージなのです。

努力なく、自分の心にあるピュアな部分を見つめるだけで、幸せになれるのです。

女性が望んでいるのは、この、留保なしに全面的に受け入れてくれる存在、なのでしょう。それはお父さんじゃね？　とおもわなくもないですが、お父さんとは結婚できません。だから、どこかそのへんの男性にその役割を求めるしかありません。あるがままの自分を受け入れてくれそうな人と恋をして、だいたいはまあ、失望することになります。しかたありません。そういうものです。

「女性をそのまま受け入れる」と恋愛の入口で男性が宣言するとき、その気持ちには一ミリのウソもないのですが、一緒に生活するとそういうわけにはいかなくなっていきます。結婚生活と、恋愛感情は、べつだん直接リンクしているわけではありません。生活は生活。感情は感情です。もともと別の引き出しにしまわれています。

そもそも、いっときだけ盛り上がる恋愛相手と、おそろしく長い結婚生活に入るというのは、人類そのものに対する挑戦のように私にはおもえますが、どうでしょうか。私は、恋愛結婚は結婚全体の3割くらいでいいんじゃないかとおもっています。言っても詮《せん》ないことですが。1970年以降の恋愛結婚全盛時代というのは、かなり異様な社会だとつくづくおもっているのですが、いま小声で喋《しゃべ》っているつもりなので、聞き流してもらっていいですよ。

ディズニーランドはプリンセスが幸せになるさまざまの過程を、あらゆるところから感じられるように作られています。

プリンセスに同化できれば、かなり心地いい世界だといえます。

ただ「プリンセスに同化する」という感情は、あまりデート向きではありません。

女性は（プリンセスに同化できる側は）心地いいでしょうが、そうでないほうは（まあ男性のことですが）、感情をどこに持っていけばいいかわかりません。「かわいい」を連発できない側としては、おもしろい、ないしは、かっこいいを探すしかありません。なかなか見つかりません。


それは、ディズニーアニメの王子さまが、ものすごく影が薄いからでもあります。

ディズニー〝プリンス〟は、かぎりなく軽い存在です。

『白雪姫』では名前さえありません。あの人は、あきらかに通りすがりの王子です。

『シンデレラ』では、プリンス・チャーミングと呼ばれていますが、「魅力的な王子」では、名前とは言えません。それでは準備稿に書かれたただのキャラクター設定です。

あまり重要な役ではないので、名前がつけられなかった脇役《わき》、ということが悲しくも示されています。


1937年と1950年のヒロインにとっては「王子さまであれば、誰だってよかった」ということのようです。

それがディズニーヒロインアニメの基本でしょう。

王子さまであれば、誰でもよかった。

のちに、これが少し変えられ（時代が変わったからでしょう）、「幸せにしてくれる人なら、誰でもよかった」となっていきます。

『アナと雪の女王』では、第二王女アナは、まさに「王子さまなら誰でもよかった」という態度で相手を決めてしまったため、その男（ハンス王子）に王権を簒奪《さんだつ》されかけます。いまは残念ながら「王子さまでも気をつけたほうがいいぞ、騙《だま》されることがあるから」という時代になってしまいました。世知辛《せちがら》いです。

ヒロインが求めているのは、自分が幸せになることです。相手は、もともと幸せな人か、自分と一緒になれば幸せだと考えてくれる人です。

もともと幸せな人、というのは「王子さま」のことです。

王子さまは、ある意味、ヒロインを幸せにする触媒のようなもので、存在感はありません。

彼の存在じたいがヒロインの夢の化身のようなものです。

幸せになる〝きっかけ〟としての王子は必要ですが、ただのきっかけにすぎない、と暗示されています。女性はそのあと自力で幸せになっていくばかりです。つまるところ、女性は強く、女性が世界の中心にある、ということなのでしょう。男性は、男性だけで幸せになれる力などは持ち合わせていません。そういう弱い存在です。女性の立場からは、どうやら、王子さまは自己主張しない存在であって欲しいようです。現実にはそんな王子はいません。でもそこで現実をリアルに想像しても、あまり意味がありません。ファンタジーですし、ドリームです。ドリームのなかでも、やがてカムして、トゥルーとなるドリームなので、少々現実離れしているのは、しかたありません。

限りなく存在の軽い王子さまが、ディズニーアニメのプリンスです。『眠れる森の美女』では、王子はマレフィセントと戦い、ドラゴンを倒し、姫を助け出しますが（映画のこのシーンは幻想的でとても美しいです）、でも、ハンサムなこの王子の顔は、よくおもいだせません。３人の妖精のような個性的なキャラクターが与えられていません。『美女と野獣』では、野獣の姿のときは、ときに暴力的で暴君のようで、マッチョな部分を持っていますが、姫が結婚するのは、野獣の姿からふつうののっぺりとしたハンサムな青年の姿に戻った王子です。しかもベルは、野獣の姿からハンサム王子に戻ったときに一瞬〝この人、誰だろう〟という表情をします（目を見て気がつきますが）。きわめて存在感の薄い王子に戻ったからこそ、ヒロインの伴侶《はんりょ》となれるわけです。

物語を落ち着いて見直すと、ヒロインがハッピーになれるこのストーリーは「夢を持ち続ければ、あなたはあなたのままで、幸せになれる」ということを示しているだけです。実は、王子をあまり人間味のある存在としては扱っていません。王子がどんな人なのか、問題にされておりません（だいたい、いい人です）。彼は受け皿でしかありません。意志や感情は必要とされていないようです。王子は、ヒロインにとって社会そのものであり、受け入れてくれるシステムの代表として、設定されているだけです。

王子とは関係なく、あなたさえ純粋な心を忘れずに、しっかり生きていれば、やがて幸せになれる、ということがただただ示されています。ほぼ宗教ですね。いわば、ありのまま教です。40人の盗賊もいます、なんて、それはアリババ教ですね。ノリツッコミしてる場合じゃありません。ありのままでいいの教です。

ピュアでさえあれば、幸せになれる。善人は、尚《なお》もて、幸せになっていきます。いわんや、悪人なんてもちろん……。

まあまあ、そんなところです。

ヒロインはそれでいいです。

問題は、王子です。

彼には〝ヒロインを幸せにするという役割〟しか与えられていません。王国をどうするかとか、軍隊をどこへ動かすかとか、税金をどう取るかとか、そんなことは考えさせてもらえません。

ただただ、「誰と結婚するのか」ということだけが問題にされている存在です。

あまり心を通わせにくい存在です。男性の頼りにはなってくれない。

つまり、ディズニーランド内において（ないしはディズニーアニメを見ているときに）、男性が、ヒロインの相手役を真似《まね》ようとおもっても、どこにもロールモデルが見当たらない、ということになってしまうわけです。ディズニーの恋愛ものには、ヒロインはいるけれど、ヒーローがいません（話は少し逸《そ》れますが、『アナと雪の女王』ではヒロイン役が第二王女アナで、その姉の雪の女王エルサは、実は、魔力を操り制御できるようになる〝ヒーロー〟の役割を担《にな》っていたということになります。ダブルヒロイン物語と言われていましたが、ほんとうは正統のヒーロー&ヒロイン物語だったのですね。どっちも女性が演じていたところが新味でしたけれど)。

ヒロイン物語を見て、男性もヒロインに感情移入ができればいいのだとおもいます。ただ、男性がみんなヒロインと同化できるわけではありません。

ほんとうは、暴力性を帯びた〝世界を切り開く力〟を見せたいとおもっている男性もけっこういることでしょう。でも、うまくいきません。そういう暴力性を押さえ込んでいるのが、ディズニーの魔法だからです。

ディズニーの魔法はヒロインを助けるために使われています。

ヒロインは、王子さまの中身そのものをそんなに欲しておらず、しかし、自分をそのまま全肯定のまま、受け入れてもらうことを望んでいます。

やれやれ。

少し深く踏み込んで見てみると、ディズニーのヒロイン物語はひたすら男と女が行き違っているのに、なぜかハッピーエンドを迎えている物語だということになります。

まあ、行き違っているのにハッピーになっているということは、人生、あまり深く考えずに生きろというメッセージだとおもえばいいのでしょう。

ヒロインにとってハッピーな終わりを迎えるアニメは、彼女たちの心情にどこまでも寄り添って作られたため、〝男は存在を感じさせない触媒みたいなのがいい〟というふしぎな結論に突き当たらざるをえませんでした（触媒だけどいい匂《にお》いがして、やさしいのがいいですね、と言い足してきそうな気がします）。

男の幸せと女の幸せは違うものである、とディズニーアニメは指し示しているようです。

それでも見ていると楽しい気分になるから、あまり気にしないほうがいいとおもいます。

楽しいのが一番です。

次に行きましょう。

第九章　会　話

男女は、ただのお喋《しやべ》りでさえも、行き違うことがあります。

美容院にいくと、女性客に対して、男性の美容師がさかんに喋りかけています。彼らは、男性ながらも女性的な喋りができるプロですね。

ときどき、ぼんやりと横で聞いていて、感心します。女性客の話は話題が飛ぶし、あまり意味のない話でしかない。それでも的確な相槌《あいづち》を打つ。話題をすこしふくらませて返す。話者の立場を、つねに尊重して、同意して、褒める。

しかし、私個人は、髪を切ってもらっているときは、できるかぎり話しかけないでもらいたいとおもっています。静かなのを好みます。早い話が、無駄な会話をするととても疲れるからというきわめて男性的な事情でしかないのですが、女性の美容師さんは私が黙り続けていると、すっと察して、話しかけなくなります。あのへんもすごいとおもう。

ところが男性の美容師は、私が話しかけられないようにしていても（最低限の返事しかしなくても）延々と話しかけてきます。これは経験上、くっきりと男女差があります。おそらく、男性は〝女性のように話す力〟を後天的に学んだため、それを発揮していると、相手が求めていないことを察知するのが遅れるのでしょう。

ここに大きな男女差がある、とおもいます。

意味のない会話を続けるという女性的な力は後天的に学ぶことができるが、近くの人の感情を即座に読み取る女性的な力は、より動物的なものなので男性には習得しにくいということのようです。

ただ、会話そのものも男女では、なかなか難しいです。

女性が、どうでもいい自分の身の回りのことを、付き合っている彼氏に話し続けるのはサービスなのだ、という説明を聞いたことがあります。

それを聞いたとき、ふっと腑《ふ》に落ちたと同時に、すこしくらくらしました。

あの無意味な会話には、そういう背景があったのですかい。

男性として言わせてもらえば、申し訳ないですけど、そのサービスはほんとにいらないですよね。ビールを飲み続けているときに、熱いお茶をサービスされているような感じです。無駄だし、無意味です。

だいたいは、一緒に暮らしている女性が提供してくれるサービスですね。外から帰ってきたら、もしくは外から帰ってきた同居人と、夕方に会ったら、その日の何でもないできごとをいろいろと話してくれたうえに、そっちはどうだったのとこちらの話す機会まで与えてくれる、あれですね。何か探りをいれていたわけではなく、会話サービスだったのですかと知ったときは、ものすごく驚きでした。うーん。そうだったのか。

どうしましょう。いや、サービスだったら申し訳ないですが、要らないですからね。話したいのだったら、何とか付き合いますけど。むずかしいところです。ここでこのサービスを断ってしまうと、おそらくただならぬ事態を引き起こすのはわかります。わかるんですが、いやはや、そんな無意味で無駄で何もならない時間をわざわざ家の中でつくりたいとは申し訳ないけどおもえないですからね。

ここは、ある意味、男女が一緒に暮らす空間を維持するためのコストだと考えて、カドが立たないように振る舞うしかないです。たぶん、無理だけど。心持ちとしては、これは必要なコストだから無駄ではない無駄ではない無駄な時間ではない、と3回唱えて、何とか笑顔をキープするようにしたいものですね。おそらく笑顔は固まってしまうとおもいますけど。でも理想は高く、心構えとしては、そのあたりに置きたいものです。

女性に言いたいのは、一緒に家にいるからといって、私はあなたの仲のいい女友だちではありません、ということです（あ、ごめん）。恋人だから、結婚したから、好きな人だから、という理由で、男性を「女友だちと同じような無駄な会話の連続の中に居させよう」としても無理なんですけど、という話です。すみません。

男には、無意味な会話を延々と続ける能力はないし、それに付き合わされるのは、おそらく海で1キロ泳ぐぐらいに体力気力精神力を使うものだ、なんてことを察して欲しい、とおもうばかりであります。すみません。

だいたいは、どこかで女性がそれに気がつき、そもそもの会話さえしなくなる、という方向で落ち着いていきますが、この落ち着きは怖いですね。とても怖いです。

このあたりの塩梅《あんばい》がとてもむずかしい。

女性と二人きりの空間にいるときは、会話さえも、性差を超えたスイッチを入れて、ある程度の努力をしないと、密接な時間が長続きしない、というわけで、そんなことは少年の時代にはまったく存じ上げませんでした。少年たちよ、世界はそういうふうに創られているので、気をつけて歩みなさい。

男は話をするとなると「自分の考え」をきちんと話さないといけない、とおもっているのです。

女性は、自分のことにこだわりません。「場」ができると、その場に参加するために、どんどん話せます。男には無理です。

ここは、男と女が地上に一緒にいるかぎり、行き違うところですね。いや、宇宙に飛び出す宇宙船のなかでも行き違うとはおもいますけど。

それに、女性の話は、ちょっと、わけがわからないってことが、まま、あります(すみません、あくまで個人の感想です)。

前に話にでてきたことがあるらしい彼女の友だちと、その近所の人の話がでてきたりして、まったく誰だかわかりません。前にも言ったじゃん、とどんどん話をすすめて、人物関係はわからず、しかも脈絡がなく、話が飛んで、彼女が言いたいところにやってきたところで、べつだんすごくおもしろい話でもなく、オチもない。オチがない、という指摘をすると、そんなの無理だわよ芸人じゃないんだからと言い返される。いまの話のオチは何ですか、と女性にきくとまず、そのあとの揉《も》め事のもとになるから、言わないようにしないといけません。

女性との会話は私にはむずかしいです。会話というか、言葉のやりとりがむずかしい。それが友だちだったり、何でもない仲なら、まあ、何となくやりすごせますが、こと、相手が恋人ないしはそれに近い人、一緒に住んでいる人、愛人、結婚相手、妻、女房となると、とたんにむずかしくなります。

なんででしょう。

距離が近いほど、会話の難度が上がってしまいます。何なんでしょう。仲良くなると（恋人となると）、会話のやりとりにたいして女性の要望が多くなる気がします。ハードルが高くなる。

それまでは男同士でするような気楽な会話でよかったのに、仲良くなると、すげえ高いレベルの会話を要求されているような気分になる。なんとなく窮屈になってきます。二人でいると空気が薄くなる、という感じです。

高いレベルの会話というのは、たとえば愛らしい表情で聞いてくる「今日の私、なんか違ってるとおもわない?」というような質問のことです。

これ、友人の質問だったら、はずしてもいいから、いろいろなことを言えるのです が、恋人となると、怖い。

正解しないと、なにかとんでもないことが起こりそうな気配が漂っているから、気軽に答えられない。

たぶん、正解がある。

彼女は絶対的に正解を出して欲しいとおもっている。そもそも彼女は「簡単でしょ」という雰囲気をものすごく漂わせている。しかし簡単ではない。というか、絶望的にむずかしい。暴君の前に引き出された敵の斥候兵《せっこうへい》になったような気分だ。髪形か。化粧か。アクセサリーか。どこか体調が悪いのか。服か。いや、眉毛《まゆげ》の形とかそういう細かいところじゃないだろうな。何だ。わからない。まったくわからない。見当もつかない。時間が少し経《た》つと、にこにこ笑っていた彼女の表情にすこし翳《かげ》りが見えてきてタイムリミットが迫っていることがわかる。怖い。でも、わからない。敵王の側《かたわら》に控えた近衛兵《このえへい》が刀の柄《つか》に手をかけているのが見える。ええ。わからないよ。目か。化粧を変えたのか。口紅か。いや、口紅なんかつけてないのか。なんだなんだなんだ。

「えっと、髪形だよね」

勇気をふるって言ったひとことに、彼女は表情を変えずに目だけを動かした。やばい。

「どういうふうに？」

め、目が笑ってない。

「なんか、素敵に、なってる、じゃないか」

ふー、とため息をついて、反り身になる彼女。

「全然、わかってないわね」

おしまいです。

怖い。正解を教えてほしい。でも、何だったのと聞く勇気はありません。

こういう会話を世界的になんとか禁止してもらえないでしょうか。

それから、女性が髪形を変えて、それを彼氏に指摘してほしいときは、どこをどれだけ切ってどう変わってどう褒《ほ》めてほしいのか、事前に友人などを介して男性に適確に伝言しておいてもらえないでしょうか。これも地方条例でいいので、法律できちんと決めておいてもらいたいです。

「髪形を変えた女性が、彼氏（旦那《だんな》）にそれを指摘してもらいたい場合は、事前に情報をリークするとか、ヒントを与えるとか、なんか用意しておいてほしいの条例」です。すみません。

だって、自力で気がつくのは、無理なんだもん。

なんというか、そういうことで、彼女と揉めたくはありません。

それに気がつかなかったからという理由で、不機嫌になられたり、私のことはどうでもいいのねと怒られたくはありません。

だって、無駄だもん。

できるかぎり気をつけてはいるつもりです。

でもだめですね。絶対的に無理ですね。

すごく近くの存在である彼女の髪形の変化にだけは気がつけない。一緒に暮らしている女性とか、毎日のように会っている女性の髪形の変化には気がつけない。生活エリアにいる女性の髪形の変化に気がつけといわれましても、それは35歳をすぎてからいきなりフィギュアスケートの選手になれと命令されているようなもので、無理です。無理難題すぎます。

なんででしょう。

どっちかってえと、彼女じゃない状態だったら、まだ気がついていた可能性があるとおもいます。はい（いや、ほんとは無理なんだけど、でもそっちのほうが少し可能性が高いとおもう）。

友だちの彼女の雰囲気がかわったり、働いている場所にいる女性の雰囲気が変わると、何となくわかることがあります。ありていに言えば、べつだん好きでも愛してもいない女性の変化のほうが気がつく可能性があります。

一緒にいる女性の外見の変化は、あー、無理です。

そもそも、なんでそんなことに気がつかなければいけないのだよ、という気持ちがあります。いや、もうしわけないけど、実際のところ、そうおもっています。

だって彼女なんだし。そこに惚れたわけじゃないし、そもそも（これを言ってはおしまいなんですが敢《あ》えて言うと）髪形が変わったからって発情するわけじゃないからねえ。煽情《せんじよう》的な部分ならすぐ気づくんだけど、そうじゃない部分は、申し訳ないですがスルーしてます。見てません。ごめんなさい。

いや、世の中の男性がすべて私と一緒だとはおもいません。なぜか、そういうことにこまめに気がついてすぐに指摘できる能力のある男性がいることは知っています。でも、それは、私に言わせれば人間じゃないですね。ホモサピエンスのオスではありません。たぶん、魔法使いです。魔法を使わずに気がつくなんて、その手立ても方法もわかりません。きっかけさえ想像できません。

香水とか、匂《にお》いが変わると、まだわからなくもないですが。

ビジュアルの細かい変化はわかりません。

それは、わからなくていいじゃんとおもっているからですね。でもそのまま、いままでどおりに自由に生きていたら、とても怒られてしまいます。意味がわかりません。野球とサッカーとバスケットボールとラグビーのルールはよくわかっているし、それだけで35歳まで生きてきて問題なかったのに、いきなり「どうして、アクセルとフリップとルッツとサルコウの違いがわからないの！ ちょっとどうかしてるんじゃないの！」と怒られても無理です。そんなことがあるなら、8歳くらいのときに予告しておいていただきたいです。

こういうレベルのやりとりになるときの会話が、とにかく苦痛です。

でも、彼女たちは、こういう身近な話題が大好きなようで、なかなか逃がしてもらえません。

いや、それにしても髪形の変化なんて、どうやって気づけばいいんでしょう。髪形そのものに興味を持たないといけない、というわけですね。

そこなんです。

彼女のことを好きになったのは、彼女の存在そのものをであって、もちろんその顔やスタイルが好きの要因になっていますが、髪形の優先順位はそんなに高くないです。だって髪形って変わりますからね、髪形を好きになってもどうしようもないです。髪は好きになりません。ヘアスタイルで好き嫌いは変わりません。だったら、彼女になったら、つまりいつも一緒にいるようになったら、髪形は、もう興味の範疇《はんちゅう》からはずれてしまいます。当然じゃないですか。

だのに。

そんなご無体なことを言われましても。

自分と、その近くの身の回りのことに気をつけていてほしい、というメッセージなのはわかりますけど、知らない世界の知らないルールですからねえ。

会話でもそうです。

自分のよく知っている人の名前が複数でてきたかとおもうと、説明なしに次々とその人たちのできごととその変化の話をしてくれるけど、その人たちはきみの友だちであって、私はよく知らないんだから、それを延々と話されても、とっても困ります。困るけど、でも避けることもできない。

そういえば、付き合ってる女性は、私の交友関係をよく見てますよね。あれにも驚かされます。

あの人はいまはどうしてるかだの、あの後輩はいまでも酒を飲むとぐたぐだに酔っ払うのかなどと、答えようのないことを聞いてくる。すべて「元気なんじゃないの」「そうなんじゃないの」としか答えようがないのだけれど、どんどん聞いてきます。何なんでしょう。

ただ感心するのは、私のまわりにいる連中のなかで、誰がより私のことを好きなのかを見抜いて、それを指摘するところですね。「コウジくんは、あなたのことがすごく好きだわね」と指摘してくる。男同士の付き合いのなかで、どれだけ相手が自分のことを好きかなんて、そんなことをまず気にしたことがないから、ちょっと驚きます。そして、言われてみればたしかにそうなのかもしれないと納得してしまう。コウジくんはそういえば、ほかの連中よりは言うことをよく聞いてくれるし、いつも協力的だとはおもっていたけれど、これを女性の目で見れば「好きだから」のひとことで説明できるのか、そうだったのか、そうかあ、と感心してしまう。

これは、だいたい男同士が10人ほど集まって飲んでいるところへ彼女も連れていく、という図式がもとにあるわけですが、そのたびに女性は、この男同士のグループでは誰が誰を好きで、どう仲が良くて、誰と誰があまり仲良くないかを見抜いていきます。見抜くというより、ふつうに眺めているだけで、気がついてしまう、ということでしょう。そういうところばかりを見ていますね。まったく男性には（少なくとも私には）欠けている視点です。男性のなかでそういうことを見抜ける視点を持つ人がいるとすると、かなり〝女性性〟が高いということになるんでしょう。

どうりでアニメや漫画好きの女子たちは、男同士が集まっている集団において、誰が誰と仲が良くて誰が誰に嫉妬《しっと》しているのか、というような夢想が好きなわけです。いわゆる腐女子といわれる人たちが、スポーツ漫画のキャラクターの関係性をわざと読み替えているのは、がんばって読み替えたり遊んだりしているわけではなく、ほんとに自然にいつもそういう視点で人を見ているから、なんですね。

あらためて見えている風景がまったく違うってことに驚きます。

この、女性ならではの視点というか、ものを見る力が、ディズニーランドでは十全に発揮されている。その視点で見やすいもので構成されているとも言える。

そもそもキャラクターの存在がそうだとおもいます。

女性の目は、よくわかりませんが、おそらくミッキーマウスやミニーマウスの笑顔の表情をとらえるのでしょう。その瞬間に敵対していないと判断して、ハグしにいく。平面的にとらえている感じがします。私が、キャラクターに対して一瞬ひるむのは、やはり立体的に、三次元的にとらえているからだとおもいます。

つまり、ああいうキャラクターはきちんと女性向けにできているとおもう。ディズニーランドはきちんと女性向けに作られています。

男性の目と、女性の目は違います。

同じものを見ているようでいて、見ていません。

男性の目は、どうしても女性の髪形の変化には気がつけないようにセットされています。

キャラクターが歩き回っているというポイントで言えば、着ぐるみだけではありません。

プリンセスも歩いています。

これは生身の人間です。西洋人だとおもわれる目鼻立ちの派手な女性が、プリンセスのドレスを着て優雅に歩いています。白雪姫にシンデレラ、ラプンツェルと、メリー・ポピンズ、アリス、オーロラ姫、クルエラ・ド・ヴィル、ベルなどなどが、歩いています。

これもグリーティングですね。挨拶《あいさつ》に出向いてくれているらしいです。ありがたいことでごぜえます。

パレードにも姫がいっぱい出てきます。

お姫さまが、われわれ庶民の前にそのお姿をお現しくださったとき。私は……そのお顔を見てしまいます。顔を見ようとします。

男の人の多くは顔を見てしまうんだとおもいます。

たぶん、動物的な反応でしょう。顔を見る。

でも、ほんとは顔を見てもしかたありませんね。

派手めな顔立ちのお姉さんが派手な化粧をしていますが、顔を見ても誰だかはわかりません。そもそもアニメのシンデレラと白雪姫の顔がよくおもいだせません。

でも、同行の女子は即座に「オーロラ!」「ベル!」と名前を叫びます。

彼女たちは、顔なんて見てませんね。いや、見てるだろうけれど、最初に識別しているのはドレスであって、すべてのプリンセスはドレスでわかるようになっています。

何十回も見ているうちに、そういうことはわかるようになりましたが（だから、女性よりは一瞬おくれるけど、識別はできるようになりました）、もともとドレスを見ていない時代には誰が誰だかさっぱりわかりませんでした。見ればわかるじゃないですか、と言われても、その「見るポイント」がわかっていなければ、ぜったいわかりません。「派手な顔のお姫さま」としかわからない。それが、男子の目です。ありていに言えば、自分好みの女なのかどうかを判別しているわけで、その視点からはドレスに興味を持つ必要はありません（ついでにいえば、髪形に興味を持つ必要もありませんね）。顔を見る。あまり好きではないタイプだったりすると、その顔さえ忘れてしまいます。

そういう見方をしています。だから、次に同じドレスであらわれても、顔が違っているので（演じている人は次々と入れ替わります）その正体がわかりません。なんか、こんどのお姉さんは目が大きいなあ、というような感想しか持っていません。

女子はちがいます。白雪姫とシンデレラの区別は、瞬時にできます。一度覚えたら、生涯、二度と間違うことがない、とおもわれます。

おそらく、白雪姫もシンデレラも、どちらも女子にとっては、自分のことなのでしょう。自分がそこにいるかもしれないという可能性を秘めたものだからこそ見分けるし、覚えています。

ごく一部の特殊な男子をのぞいて、男子はそういうポジションは取れません。見る目が違うのだから、見えている風景がちがう。

女性の会話の力は、やはりすごいとおもいます。

たとえば同じところを繰り返しぐるぐるまわる会話ができます。そのまま、方向も違うし脈絡もない別の話題に飛ぶこともできます。女性どうし、おたがいをずっと褒めることもできます。意味のない会話ができる、という能力ですね。これは、じつはとてもすごい。そのすごさがわかる男子になるには、そこそこの年季がいります。

また、些細《ささい》な違いを見分ける目を持っているから、彼女の髪形の違いやアクセサリーや、服装のちょっとした工夫などを見つけては、褒めています。

男の場合、女性の髪形を一度褒めたらそれでその日のぶんは終わりなのですが、そしてそれが正しいとおもっているのですけれど、女子同士だとリピートしますね。その髪形いいよね、と言ったあとに、やっぱこっちから見てもいいよねと言って、しばらくしたら、その髪形すごくいいよー、私もそれにしてみようかなと3度言うことができます。もしその会話を奇蹟《きせき》的にずっと隣で黙って聞いていることができた男性がいたなら（ふつう無理だとはおもいますが）、そのときの男性が抱く感想は、すごいな、ではなく、バカじゃないのか、ということになってしまいますね。一度、その髪形がいいといって、相手がありがとうと言ってくれたら、それでその情報伝達と受諾は終わっています。次の局面に向かって別の戦いに進まなければいけないのに、気がつくと同じ場所に戻ってきて、同じところを同じように褒めています。意味がわかりません。戦局が進んでいないし、人類が進歩していません。また同じ戦場に戻って、また同じ攻撃を繰り返しています。そんなことでは、この戦《いく》さに負けてしまうではないか、とおもってしまいます。前に進まないで、会話する意味がつかめません。ばかじゃないのか、とおもってしまいます。

でも、これ、女性のほうから言えば、そんなことを考える男性のほうが、ばっかじゃないの、ということになってしまいます。

女子はそういう同じところをぐるぐるまわる会話が好きですね。男子が、お気に入りの道具《ツール》を出してきて、何回も見ているのと同じです。男子はそれを一人でやりますが、女子はそれを共有と旋回という高度な技術を駆使しておこなっているのです。自分の好きなもの、気に入ったもの、相手が好きなもの、相手が気に入ったものを、二人とか3人とか4人とかでぐるぐるぐるぐる同じようにまわっているわけで、これのほうがぜったいに気持ちいいでしょう、ということになります（そんな理屈をつけて考えずに、ふつうにやっていますけど）。

また話題の転換がすごい。

何もつながっていない話題への転換があっても、みな、その会話を引き受けている。いま、お茶の話でもりあがっていたとおもったのに、誰かの「そういえば」という転換語によっていきなり近ごろ活躍している卓球選手の話になって、テニス選手の話になって、ラグビー選手の話になったかとおもうと、大学時代のサークルの部室の話に飛びました。すげえ。

そういう流れで、タレントさんや俳優さんの悪口をしれっと言うので、たとえば私はとても驚きます（これは本当に個人の感想だとおもいます。テレビを見ていて悪口を言うのが好きな男性というのも確かに存在しますからね）。

私はあまりそういう人たちの悪口をいわないし、男性からそういう発言を聞くことはないんですが、女性は、さらっと言いますね。なんか、ちょっと生理的に合わない部分があると、あ、これ、私に合わないみたいなことをさらっと言います。あれは同じ話題を繰り返し話せるのと同じ感覚のようにおもえます。悪口を言うなよ、と注意すると、心底おどろいたような表情になって、「え、べつに言ってないけど」と言われます。

あれは「今日は寒いわね」「ちょっと暑すぎるとおもわない？」というのと同じレベルの発言なんでしょう。たしかに、今日は寒いわねと言ったときに、空気の悪口いうなよ、とはいいませんし、暑すぎるとおもわない？と言われて、太陽を非難するな、と返すことはありません。だから、ごくごくふつうに、タレントさんや番組の悪口をさらっと言って、言ったとたんにたぶん忘れています。会話にあまり意味がないですから。しかたありません。ただ黙っているしかありません。

女子会話に男子を引き入れるのはむずかしい、ということです。いちいち意味を考えてしまう不思議な動物だとおもってもらうしかありません。

男と女は、会話でさえ行き違うので、長時間並ぶことの多いディズニーデートでは、そこんところ、けっこう慎重にいかないといけない、という話をしております。

女子が喋りつづけているとき、それがサービスだとは、男子にはまったく感じられないと知っていただくということが重要です。よく喋るなあ、としかおもっていない。

会話の底に社会性がないと（言い方を換えるなら正義の要素がないと）、男子は会話に入ることさえできません。女子同士の共有会話と同じように男子と話して、それで仲良くなろうとしても、男子が会話についていけない以上、無理です。ひたすら、よく喋るなあとおもっているばかりで内容は頭に入ってこないし、いったいこの会話はどこへ行くんだろうと戸惑っているだけです。注意してください。

待ち時間に話すといいのは、やはり、自分の好きなもののことですね。好きなもののことを熱心に話したほうがいいです。相手との共通の話題がいいかな、とニュース性の高い芸能人やら時事ネタを持ちだすのは、おそらく批判的な感情がでてくるとおもうので、私はあまりおすすめできませぬ。

第十章　実際のまわりかた

では、実際のデートでは具体的にディズニーランド&シーをどうまわればいいのか、少し丁寧に考えてみましょう。

まずランドのほうから。

平日の夜、そうですね、夏前、そこそこすいている時期の金曜夜に、ディズニーランドへ行くケースから考えてみましょうか。混んではいないけれど、午後7時から入ったランドでどうすれば楽しくまわれるか。それをきわめて具体的に考えたいとおもいます。

食事を園内でゆっくり取っている時間はないです。閉園後、イクスピアリで一杯飲みながら食事するという予定を組み入れておくか（食べ終わると23時になってしまいますが）、簡単な食べ物を園内で食べる、というのがよいでしょう。

夜7時すぎからの入場で閉園までのだいたい3時間。ランドはどうまわると楽しいのでしょうか。

第一章で提案したのは、「少々並んでも人気アトラクションにひとつは乗ろう」「知られていないアトラクションもどんどん活用しよう」「ショーやパレード、劇場型アトラクションを中心にまわろう」「二人が密着できるアトラクションを活用しよう」というものでした。

これはいちおう、一日近く滞在することを念頭においたプランです。

夜だけだと、この提案すべてをクリアすることはむずかしいでしょう。

この章では会社を早く終わったあとにかけつけたディズニーデートでどうまわるか、という提案ですので、あまり欲張らずに、簡単に楽しめるプランを考えてみたいともいます。

最初は、ふつうの人たちにお奨《すす》めするまわりかた。私にとってはオーソドックスなまわりかたです。

まず、ショーとパレードを見ましょう。それ以外は、派手めのアトラクションをひとつ、ちょっとしたのをひとつかふたつ、それぐらいで目一杯ですね。目一杯にまわらないほうがいいんですが。それでもいつつむっつの体験は可能です。

入園券を買ってランドに入ったのが午後7時という設定です（以下、この章はシーをふくめ同じ設定です）。

ご準備はよろしいでしょうか。では、まいりましょう。

19時に入園となると、当然、ファストパスは残っていません。もし残っていても、意味がありません（ファストパスを取らなくてもそれほど並ばずに入れるからです）。まず、トゥモローランドへ行きましょう。入って右です。なぜトゥモローランドかというと、夜のパレードが最後に通るところだからです。ひとつ先のトゥーンタウンの入口にパレードの先頭がたどりつくのは、パレード開始から15分後です。19時30分開始のパレードは、ここでは19時45分開始になります。遅くまでやってます。

まずトゥモローランド内で15分待ちくらいのアトラクションに乗るのがいいです。スティッチ・エンカウンターやスター・ツアーズがたぶん15分待たずに入れるでしょう。日によってはバズ・ライトイヤーがすいている可能性もあります（混んでいると40分、すいているときは20分というところ）。どれも、けっこうしっかりしたアトラクションだとおもいますが、あまり待ち時間の出ないもの（つまりデートにおすすめの一品ですな）です。それにあっさりと乗りましょう。

出てくると19時30分を少しまわったくらい。トゥーンタウンのほうにパレードが近づいてきますから、そちらに行ってスタンバイしましょう。もし余裕があったら、少し手前にあるトゥモローランド・テラスというお店でハンバーガー（サンドイッチとも呼ばれている）を買って、それを食べながら見る、というのもありかもしれません。なんか、あまりうまいとおもったことのないバーガーなんですが（あくまで私個人の意見です。おいしいねおいしいね、と言いながら食べている人たちも多数目撃されております）、でもバンズがミッキーの顔の形をしているので、かわいいー、と彼女が言いだすかもしれません。言わないかもしれません（そんなに圧倒的にかわいい、というものではありません）。

パレードは20時08分くらいで終わります。20分ちょっとの見世物ですね。夏休み期間中はここのところ何故《なぜ》か花火は揚がりません。七夕以前か、9月以降だと20時30分に花火が揚がります。シンデレラ城にプロジェクションマッピングによって映像が照射されるショーがだいたい20時50分開始です（時期によって時間の変動があります）。どっちにしても少し時間があります。

ここですぐ近くのトゥーンタウンに入って、ガジェットのゴーコースターに乗るのをおすすめします。べつだん何てことない小さいジェットコースターだけど、たぶん、待ち時間は長くて10分、なかなか楽しいとおもうよ。もしくは、トゥーンタウン内の左奥にあるロジャーラビットのカートゥーンスピンでもいい。こちらも10分待ちくらい。長くて15分待ちだとおもう（あくまで夏ごろの平日金曜夜の設定です）。ガジェットのゴーコースターのほうをおすすめしたいのは、並んでいるときも乗っているときも屋外なので、花火が揚がったらいつでも見られるからです。ロジャーラビットは屋内ものなので、花火時間とかぶると見られません。

そのあとは、プロジェクションマッピングを見ましょう。このとき、何か簡単な食べ物や飲み物を買って（リフレッシュメントコーナーのホットドッグとか）、それを手に眺めるのもいいでしょうね（さっきハンバーガーを食べてないのが前提ですよ）。これは20時50分に始まって、終わりは21時10分くらい。

そんなにものすごく混んではいないとおもうので（日によりますが）、何となく、シンデレラ城を遠目にぼんやり見ればいいとおもいます。ぼんやりタイムというのは、デートのゴールデンタイムです。がんばってぼんやりしてください。

このあと、派手めな乗りものがいいとおもうのなら、プーさんのハニーハントがいいとおもいます。おそらく30分待ち、スプラッシュ・マウンテンやビッグサンダー・マウンテンも、30分から40分待ちくらいでしょう。それぐらい二人とも待っても大丈夫という空気なら、21時すぎは大物アトラクションがねらい目です。

そんなに大物でなくてもいいというのなら（こっちがわりと堅実な考えなのでお奨めですが）、ホーンテッドマンションか、劇場型のミッキーのフィルハーマジックに行きましょう。どっちもデート向きです。

プーさんやマウンテンに乗って出てくると22時を過ぎていますが、ホーンテッドやフィルハーマジックだと21時45分か50分くらいに出てこられるとおもいます。

閉園まであと10分。出口へと向かうわけですが、そのとき、さくっと乗れるアトラクションがあるのです。

カリブの海賊です。

出口にとても近いですし、ここの係の人は、何というか、ぎりぎりまでとにかく乗せてあげようという心持ちが強いようにおもいます。22時01分や02分や03分くらいになっていても乗せてくれることがあります（ほんとはだめだけど、ちょっとおまけだよ、どうぞ、という楽しい雰囲気で案内してくれます。ものすごくお得な気分になるので、とても好きです）。

だから、まだ乗れるかもーと走っていくほどではないけど（それが盛り上がりそうだと、そういうのもありですが）、ゆっくり出口へ向かっているとき、ふと、あ、まだ入れるみたい、入っていこうか、というノリが、とても楽しくて正解です。

逆側の、トゥモローランド側から出口へ向かうときに、モンスターズ・インクに22時に乗せてもらったことがあります。混んでいる日はそんなことは起こらないのですが、平日だと、22時直前にはほとんど人が並んでいないことがあって、そんなときはモンスターズ・インクにも22時に乗せてくれます。ほぼほぼ22時に乗せてもらったことが私は2度あります。すいているときはモンスターズ・インクでもすいている、ということです。入口脇《わき》に立っている係の人をみて、何となく、まだ入れますよという雰囲気を出していたら、聞いてみるのがいいでしょう。ものすごく得した感じになって、デートだと最高に盛り上がります。得したね、よかったね、ラッキーだったねと二人で言い合いつつ帰れるなんて、デートとしては大成功だといえるでしょう。あまり狙《ねら》わないほうがいいとおもうけど、覚えておいてもいいとはおもいます。

まとめるとこうなります。

夜からのランドデートお奨めプラン

19時　入園。

19時10分　スティッチ・エンカウンター。15分待ち。出てくると19時30分過ぎ。

19時45分 トゥーンタウン入口脇で夜のパレードを見物。
20時10分 ガジェットのゴーコースター。5分待ち。降りてくると20時25分。
20時30分 シンデレラ城近くに移動して花火を見る。近くで何か買って、飲み食いしつつシンデレラ城が遠目に見えるところで待機する。
20時50分 プロジェクションマッピングを見る。
21時15分 ホーンテッドマンション。15分待ち。21時45分に出てくる。(ここでプーさんのハニーハントが30分待ちならそちらでもいい。この場合、出てきたら21時55分)。
21時55分 カリブの海賊に乗り込む(プーさんのあとでも乗れる可能性は少しあります)。

パレード、花火とショーをひとつずつと乗りものよっつですね。合計なかなつ。上出来です。ショー、パレードを見て、ちょっとした乗りものに乗るという、わりと穏やかなパターンで、デートにお奨めです。

ほか、いくつかのデートプランを提示してみましょう。

次は、少し人気の高そうなものに乗ってみましょう。パレードと花火は見ますが、プロジェクションマッピングの時間はアトラクションに乗ります。

これは「わりと人気の高いものに乗りたい」という人向けですね。みんなが知っているものに乗りたい人用です。ほんとは知らないものにもどんどん乗ってみるのがディズニーランドの楽しいところなんだけど、最初のデートだから安全なところにしたいです、という人にはこんなんでどうでしょう。

19時10分　バズ・ライトイヤーのアストロブラスター。30分待ち。出てくると19時50分。

19時55分　トゥーンタウン入口脇で夜のパレードを見物。

20時10分　スター・ツアーズ。5分待ち。出てくると20時30分。花火を見る。

20時35分　花火を見終わってから、ジャングルクルーズ。20分待ち。21時00分に出てきます。

21時10分　ビッグサンダー・マウンテンへ、30分待ち。

ないしは、プーさんのハニーハントへ、30分待ち。

どちらも出てくると21時50分あたり。

21時59分　カリブの海賊に乗り込めれば乗り込む。

けっこう詰め込んでいる感じですが、30分待ちふたつ、20分待ちひとつで、そこそこ人気のものに乗るというまわりかたです。わりとディズニーらしいものに次々と乗りたいときは、こういうのがいいとおもいます。

次は、これはディズニー好き向け、あまり大物には乗らないで、それでも楽しいとおもえるまわりかたです。私個人としては、こういうのがとても楽しいです。移動するエリアもそんなに大きくなく、子供のとき以来乗ってなさそうなものにも乗ってみる、というあたりが、お奨めポイントです。

19時10分　まず劇場型アトラクション、ミッキーのフィルハーマジックを見ましょう。10分待ち。出てくると19時30分。

19時40分　夜のパレード見学。フィルハーの少し先で見られます。

20時10分　ホーンテッドマンションに行きます。たぶん10分待ち。出てくると20時

30分くらい。花火が見られます。
20時30分過ぎ 花火を見る。
20時50分 プロジェクションマッピングを見る。
21時15分 白雪姫と七人のこびとに乗ります。5分待ち。
21時25分 ピノキオの冒険旅行にも乗りましょう。5分待ち。
21時45分 スター・ツアーズに最後に乗ってみる。

ほぼほぼファンタジーランド内で済ませているデートです。大人になると、こういうまわりかたをしないので、だからこそデートには向いているとおもいます。タイプによるのですが、でも、知的なタイプにはこういうまわりかたが向いているようにもいます。

いまのが「ファンタジーランド内で楽しくまわる」だったので、こんどは「アドベンチャー&ウエスタンランド周辺」で、大人になってからはあまり乗っていないものをまわっていくの巻です。

19時10分　ホーンテッドマンションから乗ってみる。20分待ち。
19時40分　出てくるとその場でパレードを見学。
20時00分　カントリーベア・シアターでクマの人形ショーを見る。
20時20分　スイスファミリー・ツリーハウスにのぼる。花火もその周辺で見る。
20時30分　花火を見る（花火はツリーハウス内ではなく地上でのほうが見やすいです）。
20時50分　シンデレラ城のプロジェクションマッピングを見る。
21時10分　魅惑のチキルームのショーを見る。
21時25分　ウエスタンリバー鉄道に乗る。
21時50分　カリブの海賊に乗る。

スイスファミリー・ツリーハウスや、魅惑のチキルーム、カントリーベア・シアターというのは、ランド内で、ほぼ忘れ去られているようなアトラクションなので、これまた「これ乗るの、小学生のとき以来！」（もしくは人生で初めて！）なんて、けっこう盛り上がるとおもうんだけど、どうでしょう。このプランには、手作り感があってそこが楽しさの根源だとおもいます。ちょっとためしてみてください。こういう何でもないものに一緒に乗って、それでも楽しいとおもえれば、たぶんその人との相性はいいですよ。おすすめします。

では最後、おまけとして、ジェットコースター大好き2人組のデートプラン、夜7時から入っても、人気コースターに乗ってみようの巻です。

19時10分　ビッグサンダー・マウンテンへ。30分待ち。19時45分に出てくる。パレードは最後のほうが見られます。スプラッシュに向かう途中で立見しましょう。

20時00分　スプラッシュ・マウンテンへ。40分待ち。20時55分に出てくる。

21時00分　スペース・マウンテンへ。30分待ち。21時35分に出てくる。

まあ、午後7時から入っても人気の3マウンテン（3ジェットコースター）に乗れるというまわりかたの例です。

このあと、仕上げに、たぶん、もうひとつ乗れます。

順当なところで、お馴染《なじ》み最後のカリブの海賊、もしくはスター・ツアーズというところですが、どうせなら人気ものよっつめということで、プーさんのハニーハントへの挑戦はどうでしょう。

21時40分　プーさんのハニーハントへ。20分待ち。出てくると22時過ぎ。

よっつしか乗っていませんが、かなり満足できるアトラクションよっつだとおもいます。ただし、このよっつに乗るのに、待ち時間合計が120分近くになります。3時間デートのうち、2時間はただ並んで待っていることになってしまいます。間が持たないと地獄です。つまり、つきあってそこそこたつとか、お互い一緒にいるだけで楽しいとか、そういうカップル向けとなります。おそるおそるの手探りデートでこれをやると、たぶん、ひたすら疲れるだけだとおもうので、そういう人たちにはおすすめしません。


さて、こんどはディズニーシーです。

シーの夜デートプランを並べてみましょう。

19時に入園して、閉園22時までの3時間デートプランです。

シーのほうも考えてみて、あらためてランドに比べると、まわりにくい、とおもいました。アトラクション同士がかなり離れていること、また大人気の絶叫型アトラクションと、何でもないアトラクションの両極端のものが多く、さほど並ばないけれどそこそこおもしろいという中間レベルのもの（ジャングルクルーズとか、ホーンテッドマンションとか、スター・ツアーズとか、フィルハーマジックレベルのもの）がほとんどない、というところが、組み合わせをむずかしくしています。

ディズニーシーはアトラクション中心にまわるより、レストランでの飲食などもいい具合に入れ込んだほうが楽しいのだろうな、とおもいました。

要するにシーとランドは同じようにみえて、まったく別タイプの遊園地だということです。そりゃ、隣接してふたつ作ってるんだから、当然のことなんだけどさ。とはいえ、今回は食事を入れ込むのはむずかしそうなので、アトラクション&ショー中心のプランを考えてみました。

5月から10月あたり、春の終わりから秋になるくらいまでの、金曜夜の待ち時間を基本に考えてあります（7月20日から8月31日の夏休み期間は、まったく違う展開になるので、その時期ははずしてあります）。

まず、ショーなどをしっかり見て行くお奨めデート基本プラン。ショーをしっかりと見る。人気のものにも乗る、というまわりかたです。

19時に入園して、最初は、ドックサイドステージ、つまり巨大な船（S.S.コロンビア号）の脇で、ショーを見ましょう。

これがたぶん19時30分くらいの開始。少し時間がありますから、ステージすぐ手前に生ビールとソーセージを売っている店（バーナクル・ビルズ）があるので、そこで買って、飲みながら待つのがよいでしょう（客席には持ち込めません）。ショーはだいたい30分くらい。終わったら、地中海方向へ戻って、そこで夜の水上ショー（ファンタズミック！）を待ちましょう。20時すぎに始まるのでじっくり、ぼんやり見ましょう。これは20時30分くらいに終わります。

ショーをふたつ見たところで、この日の大きな仕事はだいたい達成だとおもってもらっていいです。まあ、仕事じゃないけど。

そのあとは、亀が喋るやつ、タートル・トークを見に行きます。30分待ち。出てきたら21時を過ぎています。あと、小さいものにふたつくらい乗るか（アクアトピアとか海底2万マイルとかシンドバッドとか）、大きめのものにひとつ乗るかの二択ですね。

今回は、少し人気のアトラクション「インディ・ジョーンズ・アドベンチャー」に行きます。インディ・ジョーンズ・アドベンチャーはもっとも奥まったところにあるので、21時をすぎると、俄然《がぜん》、すいてきます。たぶん30分待ちくらいで乗れるでしょう。21時40分くらいに乗って、あとは出口に向かいます。

ランドにおけるカリブの海賊と同じポジション、「もう閉園直前だけど、ぎりぎりまで乗せてくれる乗りもの」としては海底2万マイルがあります。帰り道にこの前を通って（インディからだとやや遠回りになりますが）もし動いていれば、最後に乗っていくのがよいとおもいます。

まとめてみます。

19時00分　バーナクル・ビルズでビールとソーセージを買って飲みながら、ドックサイドステージ前で待つ。
19時30分　ドックサイドステージのショーを見る。
20時05分　メディテレニアンハーバーに移動して夜の水上ショーを見る。
20時30分　タートル・トークを見る。30分待ち。
21時20分　インディ・ジョーンズに乗る。30分待ち。

21時50分　乗れたら海底2万マイルに乗る。

ショーふたつとアトラクションみっつですね。

ちょっと密着できるようなアトラクションをほとんど入れていないので、これなら大丈夫だというプランではないですが、及第点は取れるとおもいます。海底2万マイルは、ちょっと密着できるアトラクションですね。二人でひっつくようにかがんで外を見るアトラクションです。

さて、ショーを中心に、他は軽めのアトラクションでなら、こういうプランはどうでしょう。

こっちのほうが、私としては大人のデートに断然おすすめです。

19時10分　マーメイドラグーンシアターでショーを見る。25分待ち。

20時00分　夜の水上ショーを地中海エリアで見ます（レストランのマゼランズの脇のあたり）。

20時30分　アメリカエリアの巨大船前に移動して花火を見ます。

20時40分 タートル・トークに並びます。20分待ち。
21時15分 ドックサイドステージのショーを見る。夏場は21時すぎに最後のショーがあります。
21時40分 アクアトピア、ほぼ待ちなしで乗れます。
21時55分 もし間に合えば、海底2万マイル、ほぼ待ちなし、に乗ってみます。

タートル・トークの20分待ちだけなので、ほぼ待たずにまわりたいのなら、これはお奨めです。
「タートル・トーク」がとても使い勝手がいいので、どれでも使ってしまいますね。待ち時間がちょうどよくて、所要時間もそこそこで、内容もけっこう面白いということです。

さて、もっともおすすめの「お遊び感」いっぱいのデートがこれです。
シーやランドで、女子向けに作られている空間ながら、そこで男女ともに楽しく遊ぶなら、やはり「子供のときの遊びを大人になってもやってみる」ことに尽きます。デートだからこそ、そもそも性差を超えた遊びが、とても楽しいってことですね。大おすすめプラン。

子供遊びエリアであるマーメイドラグーンでの軽い乗りもの中心のまわりかたです。

19時10分　まずショーを見ます。マーメイドラグーンシアター。25分待ちです。

19時50分　アリエルのプレイグラウンドでいろいろ遊ぶ。ただはしゃぐ。ここ大事です。ここがほぼメインです（ここがつまんなかったら失敗です）。

20時15分　ワールプールに乗る。これはカップル向きです。くっついて乗ってください。

20時30分　地上に出てアラビア方向に見事に花火が見えるから、その場で見る。

20時35分　スカットルのスクーターに乗る。よくわからない乗りものです。でも楽しい。

20時45分　ジャスミンのフライングカーペットに乗る。

20時55分　シンドバッド・ストーリーブック・ヴォヤッジに乗る。

21時10分　マジックランプシアターを見る。10分待ち。

21時40分　フランダーのフライングフィッシュコースターに乗る。

21時50分　海底2万マイルに乗る。

待ち時間を書いていないのは、05分と表示されているけれど、ほぼ待たない、というものたちです。ときに10分待ちのこともあります。でも、10分が最大待ち時間です。仲間とわいわい遊びにくると、こういうまわりかたはしないので、だからこそデート向けに新鮮だとおもう。激しいものじゃなきゃいや、というのでなければ、こういうのをぜひお試しいただきたい。それでもって、このまわりかたで幸せになりました、という報告がいただきたい(このまわりかたが原因で別れましたという報告は要りませぬ)。

いまのこぢんまりしたまわりかたに始まって、後半に少し大物に乗ってみる、というパターンも考えてみました。

19時10分　マジックランプシアター。15分待ち。
19時40分　ジャスミンのフライングカーペット。10分待ち。
20時10分　シンドバッド・ストーリーブック・ヴォヤッジ。5分待ち。
20時25分　インディ・ジョーンズ・アドベンチャー。25分待ち。

21時05分　レイジングスピリッツ。30分待ち。
21時40分　アクアトピア。ほぼ待ちなし。
21時50分　海底2万マイル。ほぼ待ちなし。

ショーを見ずに小さいものと大きいものに乗るパターンです。これはこれで、「そつなくまとめたデート」としてなかなかいいとおもいます。小さいものにも乗っているので、そこそこ印象に残るとおもいます。大物ばかりに乗っていると、意外とデートとしての印象が薄くなるものなんですな。

と、その大物ばかりを狙って乗ってみるなら、こんな感じでしょう。

19時10分　まず、センター・オブ・ジ・アースに並んで乗る。60分待ち。
20時15分　すぐ近くでやっているので夜の水上ショーの後半部分を見る。
20時30分　タワー・オブ・テラーに並んで乗る。60分待ち。
21時40分　インディ・ジョーンズ・アドベンチャーに乗る。20分待ち。

人気のアトラクションみっつに乗るためのパターンです。あまりおすすめはしません。たぶん、こういうふうにまわると、アトラクションと、並んで待っているときの印象が強くて、デートとしての印象があまり残らないでしょう。いちおう3時間でもこれくらいはまわれるよ、と例示したにすぎません。そもそも待ち時間の合計がとても長いので（2時間20分ですね）初々しいデートでこれをやると、息が詰まるとおもいます。無言の時間が合計1時間と35分でした、というような暗い報告は聞きたくないです。

まわりかたの紹介は、以上です。

まわりかたは、あくまでひとつのご提案にすぎません。

そもそもアトラクションやショーが入れ替わっていくので、この提案がずっと有効なわけではありません。

このとおりにまわると必ず楽しいぞ、というものではなく（たぶん、楽しいとおもうけど）、参考にしていただければいいかな、というものです。いままでの経験だけでまわるものとは、少しちがう視点が入っているかもしれず、そういうところを見つけてもらえれば幸いです。何かを好きになるとそれにばかり乗ったりするようになりがちですが、いままで乗らなかったものや、むかし乗ったけどたいしたことないとおもってそれっきりのものなどに再び乗ってみる、ということをデートでは是非やってもらいたいですね。現地での直感に従うというのが、デートではとても有効なのでがんばってみてください。

夜7時すぎに入っても、楽しくまわれるのがディズニーリゾートです。パターンを考えると、ランドのほうがデート向きのようにおもえます。シーのほうは、だからデートで行くなら、何か大きな目的をひとつ持っていたほうがいいような気がします。とくに食べ物やレストランで、これ食べたい、ここに行きたい、というのがあれば、それを中心に、前後にひとつずつイベントを入れれば、けっこう楽しいとおもうんですが、どうでしょう。シーはビールもお酒も飲めるので、大人のデートだとそれを活用するのもいいですね。

とりあえず「夜のデートプラン」でした。

朝だけ4時間とか、昼に4時間というのでも、じゅうぶん楽しいのがディズニーです。いろいろと励んでみてくだされ。

第十一章　ディズニーランドでデートすると、なぜ、別れるのか

ディズニーランド&シーを舞台に、男と女の違いを少し考えてみました。

男と女はどうしても行き違います。

神さまが決めたことなので、どうしようもないです。おたがい行き違うんだとわかって、やっていくしかありません。

行き違うたびに、自分が正しくて向こうが間違っていると、どうしても感じるのですが（たぶん先方もそう感じているのでしょう）、そこで主張していてもすり減るばかりです。正面からぶつからないというのが、たぶん、正しいのだとおもいます。けど、なかなかむずかしい。

いまいちど、まとめておきます。

男と女というふたつの性が作られたのは、細かいところは神さまが気分で大雑把《おおざっぱ》に決めたんじゃないかと感じてしまいますが、根本的なところは、われわれ動物種を滅亡しにくくするためでしょう。性差がないと、つまり同じタイプしかいないと、危機に弱く、つまり何かあったら全部いっぺんに滅びてしまいそうです。だから、本来は単性で生殖したほうが楽ですが、そこは楽をしないで、生命種として長持ちするために、性を分けたのでしょう。その結果、いろいろ面倒も一緒に生み出してしまいました。〝産卵出産能力のあるメスのほかに、オスというのも作ってみました。けっこう無駄なところはあるとおもうけど、そこは何とか、うまくやってください〟というのが神さまのメッセージじゃないでしょうか。

だから、男は動物種として人類の可能性を高める係（ただし、かなりの無駄を含む）、女は動物種としての人類をきちんとそのまま存続させる係、そういう分担になったのでしょう。

承りました。まあ、承るしかない。

体内に自己コピーを発生させるのはメスの分担です。オスとメスとどっちが大事なのかというと、それは言を俟《ま》たずにメスですね。メスが残っていればその動物種は存続の可能性がありますが、オスしか残っていなければ、必ず滅びます。それが動物としての基本。つまりオスは、メスと子供を守るために、どんどん身を挺《てい》しないといけません。これは人間としての尊厳だとか、人類の叡智《えいち》だとか、そんなレベルではなく、もっと根本的な「生き物としての基本的なルール」です。ときどき忘れているオスがいるので覚えておいてくださいね。およそ地上に生存する動物であるかぎり、オスはメスと子供を全力で守らねばなりませぬの。神さまが決めました。守りなさい。

メスとオスは、体力差があります。

人類とか、それに近い種だと、オスの体のほうが大きく作られている。

太古のむかしから、役目としては、男は外の仕事、女は内の仕事、ということになるのでしょう。

男はいろんなことのために、外に出て見知らぬところまでも行くのが役割です。その多くは、食べ物を取ってくるためでしょう。女は、人類を何とか存続させるのが使命です。子供は弱い存在なので、そばにいて守らないといけません。女の役割は子育てを中心とした、巣（家庭）を維持することにあります。

現代では、この役割分担という考え方にはかなり疑義が呈されるとおもいますが、それは文明のおかげです。簡単に言ってしまえば、電車に乗って男も女も同じスピードで移動できるようになり、そのポイントから初めて男女が同じ役割を担うことが可能になりました。それ以前には、誰もそんなことは考えていません。電車がない時代は(たかが百数十年前です)、男と女は1日に歩ける距離に差があるので、一緒に出歩きませんでした。遠くへ行く仕事は男に任せたほうが、集団として生き延びる可能性が高いので、外に出るのは男でした。体力もあるし、未知なる者と出会って戦うときも男のほうが勝つ可能性が高いし、そもそも死ぬんだったら男のほうがいいから(上記の動物種にとっての有用性の問題)、男が危険性の高い外の仕事を受け持ったということです(だから兵士はすべて男性でした)。みんなが電車に乗るようになって100年そこそこです。人類発生から500万年、似たような種から見ると3000万年くらいはずっと歩いて移動していたわけですから、オスとメスは役割を分けないといけませんでした。それが数百万年の常態です。ここ150年であたりまえになってきた文化については、また別の問題です。われわれの思考法は、やはり、500万年前の形態のほうに影響されています。

女は、子供を中心とした家庭や身のまわりに目を配る役目となり、男は外を出歩く役目を分担することになります。

外を出歩く、というのは〝狩りに行く〟と説明されることがありますが、この表現に、私はかなり違和感を抱いています。ただ、食糧を取りに行っていただけだとおもいます。基本は採取だったでしょう。たまに狩猟もあっただろうけれど、多くのオスは狩猟を面倒がっていたとおもいますね（おれだけかなあ）。狩猟という言葉に妙な憧《あこが》れを持ちすぎです。

とにかくすべての遠出が、男の役目です。

このあたりの経緯からだとおもいますが、一緒に電車やクルマに乗って遠出したとき、男と女の行動はまったく違ってきます。

男の特質は「与えられた使命の完遂」にあります。「タスクの達成」と言ってもいいです。与えられたって、誰に？　とおもうでしょうが、でも誰にって言われても困るというか何というか、「与えられた使命」としか言いようがありません。実際に命じる人がいるかどうかはどうでもいいんです。そう感じればいい。こうしよう、こうしなければならない、と感じたとき、多くの男は「与えられた使命」だと感じるわけです。与えられた、というところが、とても大事です。ギフトです（おそらく、この感覚を集めてきて、ちょっと筋道を立てて理屈をつけたのが、宗教ということになるんじゃないでしょうか）。与えられた、と感じられるところに男のひとつの本質があり、それが社会という仕組みを構築する動機になっているとおもいます（これはまたべつのおはなし）。

女の特質は「現状の共有」にあります。いわば、いまの状態をそのまま残すため、まわりの人たちと状況を共有すること、です。基本的な体力は男よりも劣るから、仲間を増やす、連帯する人たちを多くする、また表立って敵対しない、わざわざ敵を作らないという作戦で、生活を守ろうとします。あらためて比べてみると、女のほうが、だんぜん頭を使っているし、大変だなとおもうけれど、若いうちはそんなこと考えもしませんでしたね。つまりは、この役割分担とは、男が外でバカをやっていても、女がきちんと生活を守っているからこそ家庭が維持できている、という例のやつですね。男も、ただバカやってるんじゃないんだけどね。いろいろ可能性を広げようとしてるんだけど、生活というレベルから見るなら、やはりただのバカだと言うしかありません。だいたいクズな男ほど、大言壮語を吐きますからね。

男は「与えられたタスクを達成するため」に生きていて、女は「現状世界をみなと共有するため」に生きているわけです。

だから男は遠くを見るのが得意で、見知らぬ土地を自力で歩くのが好きです。見知らぬ土地で人に道を訊くことは、身に危険が及ぶかもしれないので、やりません。女は身近にいるものの状態を見るのが得意です。子供や旦那《だんな》の表情や行動で、すぐに異常を察知します。女友だちの髪形が変わったら即座に気付きます。

女にとって「かわいい」という感覚は大事です。男にとっては「かっこいい」というヒエラルキーが大事です。

「タスクの達成」をメインに考えて生きている男にとっては「結論」が大事ですが、「仲間との共有」をメインに考えて生きている女にとっては「過程」が大事です。「結論の出ない会議」など開いていると死んでしまう、と男は考えますが、女は「感情を共有するためにただ話をしているだけ」というその過程を大切にします。結論を求めない話し合い、というのを好みます。女性の目的は〝宥和《ゆうわ》〟にあると言えるでしょう。

早い話が、仲良くしよう(わざわざ対立しない)という表明が大事なわけです。トルストイ的に言えば、男が戦争で、女が平和です。あまりトルストイは関係ないですが。

男は対立をいやがりませんが、女性はとにかく対立を避けようとします。

男にとっての世界設定とは、タスク達成のためにはときに敵がいる前を通らなければいけない、というものですが(少なくとも男社会はそれを前提に形成されています)、女の設定は「とりあえずいま一緒にいる人たちと敵対しないこと」です。敵対していないということを示すためには、「ただ会話すること（結論を求めないこと）」はとても有効です。

男は「論理」を大事にしますが、女は「感情」に重きをおきます。

論理的に説得できるように、と男は考えますが、女は感情的に共感してもらえるように動きます。

混沌《こんとん》とした世界を、男は整理して、わかりやすいように組み替えて、そこへ入っていこうとしますが、女性は混沌とした世界であっても、自分の居場所さえあれば、そのまま世界を受け入れます。

私なりにざっくりまとめると、これが男女の差ですね。

男女の差異による問題は、ディズニーランドデートでも、さまざま噴出します。

ディズニー世界は、女性向けにできあがっています。創始者ウォルト・ディズニーがどこまで女性向けを意識したのかわかりませんが、結果としては、そうなっています。

ここがディズニー世界の特徴であり、ディズニーデートの大きな問題点でもあります。

す。

ディズニー世界は「かわいい」とずっと言っていられる世界です。かっこいい、はあまり出てきません（ディズニーランド&シー内でかっこいいと言うのは、ダンサー、ダンスに対してだけのような気がします）。

男性にとってディズニー世界でのふるまいがむずかしいのは「与えられたタスク」というのを、うまく見つけられないところです。

男性は、男社会において有効な考え方や手立てをいったん放棄して、男論理が通用しない世界だとわかった上で、ディズニーランドに突入したほうがいいです。

女性もまた、「何にだってかわいいと言いたい気持ち」や「かわいいということばを繰り返し何度でも喋っていたい気持ち」には、男はまったく共感していない、と自覚しておいたほうがいいです。

男性は、ディズニーアニメの王子さまは、その存在が限りなく軽い、ということをきちんと理解しておくと、ディズニーランド&シーでのデートの助けになります。

ディズニーランド&シー内では、男性はプリンスの役割を求められています。マッチョで、常に先頭に立ち、力ずくで道を切り開く、というようなものはまったく求められていません。そういうことをやる人は、きちんと「悪役」に分類されます。シンデレラの王子さまのように、フェミニンで、そして彼女がただ彼女であるだけでいい、と認めてくれる人を女性は求めています。

ディズニーランド&シーは女性のための空間です。

それを意識していないと衝突が起きます。

お互い譲れないポイントがそこで見つかってしまうと、別れるしかありません。

ディズニーランドでデートすると、なぜ、別れてしまうのか、というと、それはこが一方的な女性世界だからです。ふつうの世界よりは衝突しやすい空気が漂っています。

そこに気がついて、うまく二人の世界をつくれたら、デートもうまくいくでしょう。オトコとオンナ、仲良く喧嘩しな、です。このトムとジェリーの文句はいい文句だとおもいます。仲良く喧嘩して、うまくやってください。ぢゃ。

おわりに

「ディズニーランドでデートをしたカップルは別れる」

いま一度、この俗説を検証してみましょう。

純粋に数値で見れば、ディズニーランドでデートしたカップルはかなりの確率で別れる、と言えます。

関東エリアの若いカップルは、デートでディズニーランドへよく行きます。東京の高校生はもちろん、埼玉の予備校生も、千葉の大学生も、神奈川の大学院生もディズニーランドへデートでやってくることは多いでしょう。さて。

それとは別に（別ではないですけど違う文脈で）、「高校時代や大学時代の恋人と結婚して一生一緒にいる」という確率はとても低いです。

試みに、私の付き合いの深い大学サークルでの実数をもとに計算してみましょう。

２０００年から２０１５年までの16年間で、サークル内でみんなが認めていたカップル数は、いまおもいだしつつ数えると20組です（部員数は男１２９人、女１１９人でした）。

その20組のうち、卒業後も続いているカップルは3組でした。

大学サークルで付き合って、卒業後も付き合っている可能性は15％です。７組にひとつ。

まあ、それぐらいでしょう。リアルな数字だとおもいます。

逆に言えば、大学時代に付き合い始めたカップルのうち85％は別れる、ということになります。

これはたぶん、大学1年や2年のときに慌《あわ》ててカップルになろうとするからですね。1年のときに付き合い出すと、だいたい3年で別れます。同じサークル内に別れたカップルがいると、いろいろ気を使うのが大変なので、落ち着いてもらいたいのですが、なかなかそういうわけにもいきません。

高校時代から付き合って、大学時代を乗り越えて、それでもって結婚する、というカップルはもっと少ないということになります。

　ざっくりまとめると、こうなります。

「若いときから付き合っているカップルのほとんどは別れる」

　たしかにそうですね。これは日本全国どこでもそうだとおもいます。世界中でそうなのかはわかりません。たぶん、そうではないエリアもありそうな気がします。

　そして関東エリアに住まいなす若いカップルの多くは、ディズニーランドにデートに行きます。

　つまり、

「若いときから付き合っているカップルの多くは、デートでディズニーランドに行く」

　わけです。

　それに、

「若いときから付き合っているカップルの多くは、別れる」

　を足すと、

『若いときから付き合っているカップルの多くは、デートでディズニーランドに行き、だいたいが別れる』
となります。
ここから、共通項（若いときから付き合っているカップルの多く）を抜くと、
「ディズニーランドにデートに行くと、だいたいが別れる」
となります。
以上。キューイーディー。

そういうことになります。

つまり、あまりディズニーランドは関係ない、ということですね。

でもディズニーに一緒に行ったのがきっかけで別れた、ということは、いまでも起こっているとおもいます。しかたありません。出会いと別れが人生です。


ディズニーランド&シーでは、より「男と女の違い」が顕著に出てくるのではないか、と私はおもいます。ここ二十数年で何十回も女性とディズニーに行き、痛感しました。

それは、おそらくウォルト・ディズニーが作ったディズニーランド建設のコンセプ

トに原因があるのではないか。女性に親和性が高く、男性はタイプによっては選別してしまっている、その理念にあるのではないか、と考えて、いくつかにわたって分析してみました。ちょっと男性の心理を深く追うあまりに、男のための勝手な理屈を重ねてしまったところがあったとおもいますが、すんません、そのへんは見逃してください。

女性寄りに作られている場所へデートで行くなら、男性側がかなり努力しないと、その溝は埋まらないのではないか、とおもいます。また、女性側も、男性はふだんそのままの感覚では素直にディズニーランドを楽しめない可能性がある、ということを考慮してあげてほしい、ということです。

共有を大事にする女性と、到達を重視する男性は、どこかで折り合わないとコンビとしてうまくやっていけない、ということでしょう。これはべつだん、ディズニーランド&シーのデートの問題だけではなく、生き方そのものの問題でもありますけど。

ランド&シーのデートは、うまくいけばとても楽しいので、ぜひ、折り合いをつけて楽しんでいただきたいと、切にのぞんでおります。

この作品は新潮文庫のために書き下ろされた。

恋《こい》するディズニー　別《わか》れるディズニー

新潮文庫　ほ－20－6

平成二十九年四月一日発行

著者　堀《ほり》井《い》憲《けん》一《いち》郎《ろう》

発行者　佐藤隆信

発行所　株式会社新潮社

郵便番号　一六二—八七一一
東京都新宿区矢来町七一
電話　編集部(〇三)三二六六—五四四〇
　　　読者係(〇三)三二六六—五一一一
http://www.shinchosha.co.jp

価格はカバーに表示してあります。

乱丁・落丁本は、ご面倒ですが小社読者係宛ご送付ください。送料小社負担にてお取替えいたします。

印刷・二光印刷株式会社　製本・株式会社植木製本所

ISBN978-4-10-134676-2 C0195